短视频
数据分析与视觉营销

从入门到精通
108 招

陈楠华 李格华◎编著

清華大学出版社
北京

内 容 简 介

本书包括12章专题内容，108个干货技巧，从数据平台、内容分析、账号数据、视频数据、粉丝数据、直播数据、视觉入门、视觉封面、视觉标题、视觉文案、视觉画面和创意营销等方面对短视频进行全面了解，帮助大家从短视频数据分析与视觉营销新手成为高手。

本书不仅适合短视频运营者、主播和数据分析师快速了解短视频账户的相关数据，更高效地进行数据分析；也适合短视频运营者和营销人员快速掌握营销方法，实现短视频账号的高效变现。

图书在版编目(CIP)数据

短视频数据分析与视觉营销从入门到精通：108招/陈楠华，李格华编著. —北京：清华大学出版社，2021.9

ISBN 978-7-302-58108-6

Ⅰ. ①短… Ⅱ. ①陈… ②李… Ⅲ. ①网络营销 Ⅳ. ①F713.365.2

中国版本图书馆CIP数据核字(2021)第085773号

责任编辑：张 瑜
封面设计：杨玉兰
责任校对：周剑云
责任印制：丛怀宇

出版发行：清华大学出版社
    网   址：http://www.tup.com.cn, http://www.wqbook.com
    地   址：北京清华大学学研大厦A座   邮   编：100084
    社总机：010-62770175   邮   购：010-62786544
    投稿与读者服务：010-62776969, c-service@tup.tsinghua.edu.cn
    质量反馈：010-62772015, zhiliang@tup.tsinghua.edu.cn

印 装 者：小森印刷(北京)有限公司
经 销：全国新华书店
开 本：170mm×240mm 印 张：15 字 数：240千字
版 次：2021年9月第1版 印 次：2021年9月第1次印刷
定 价：59.80元

产品编号：064726-01

前言

　　以前大多数人闲暇时会选择看影视剧，现在越来越多的人在闲暇时刷起了短视频；以前人们会选择在实体店或电商平台中购买商品，现在越来越多的人开始购买短视频和短视频平台的直播中推荐的商品；以前许多人会通过微信公众号进行营销推广，现在越来越多的人开始将营销阵地转移至短视频平台。

　　从以上这些变化中不难看出，短视频已经成为营销的新风口。那么，运营者要如何运用好这个新风口呢？笔者认为运营者需要重点做好两方面的工作：一是通过数据分析对短视频的运营情况进行分析，从而找到更好的运营方案；二是了解短视频的视觉营销方法，让短视频的营销变得更加高效。因此，本书从数据分析和视觉营销这两个部分，对短视频的相关内容进行重点说明。

一、短视频数据分析

　　运营者可以通过数据分析直观地评判短视频账号及账号内容的运营情况。具体来说，在进行短视频数据分析的过程中，运营者需要重点把握好以下6方面的内容。

　　（1）数据平台：运营者可以借助数据分析平台更好地查看和分析短视频的相关数据。同时，不同数据分析平台提供的数据也不尽相同，运营者需要做的就是根据需要分析的对象选择合适的短视频数据分析平台。

　　（2）内容分析：每个短视频内容都由商品、带货达人、背景音乐和视频素材等各种元素构成。运营者可以对这些元素进行数据分析，然后从中选择更适合自己的内容。

　　（3）账号数据：运营者可以通过短视频账号的各项数据对账号的运营情况进行评估，从而及时调整运营方案，提高账号的运营效益。

　　（4）视频数据：运营者可以从点赞量、评论量和转发量等数据中评估视频内容的受欢迎程度，从而在此基础上多生产用户喜爱的内容，让视频内容更加吸粉。

　　（5）粉丝数据：对于运营者来说，粉丝就是核心受众群体。因此，运营者需要通过数据分析进行粉丝画像，从而生产更受粉丝欢迎的内容。

　　（6）直播数据：许多短视频平台中都开设了直播功能，运营者可以通过直播数据了解账号所有直播的效果，还可以对直播进行监测，实时地了解直播的相关数据。

二、短视频视觉营销

　　现在越来越多的运营者开始通过短视频进行视觉营销，那么如何让视觉营销获得更好的效果呢？笔者认为大家需要重点把握以下 6 方面的内容。

（1）视觉入门：在进行视觉营销之前，运营者需要先了解视觉营销的入门知识，这样在营销时才能有的放矢。

（2）视觉封面：在打造视觉营销短视频时，封面的设置非常关键，运营者要懂得选择更吸睛的封面图片。

（3）视觉标题：许多用户在看一条短视频时，会重点关注标题内容。因此，如果短视频标题能够吸引用户的目光，那么短视频将会获得更多用户的关注。

（4）视觉文案：不同的视觉文案可以取得不同的视觉营销效果，运营者只要掌握了视觉文案创作的技巧，便能打造出更具营销效果的短视频。

（5）视觉画面：短视频的画面呈现效果会直接决定用户查看短视频的时长，如果运营者能打造出引人入胜的短视频内容，那么用户自然会更愿意看完整条短视频。

（6）创意营销：短视频视觉营销的效果与营销的创意有很大关系，运营者可以在短视频中融入一些创意营销方法，让短视频营销信息对用户更有吸引力。

需要特别提醒的是，本书在编写时，书中的相关软件步骤图片是基于当前各短视频平台和软件的实际操作图片，但本书从编辑到出版需要一段时间，在这段时间里，软件界面与功能会有所调整与变化，比如有的内容删除了，有的内容增加了，这是软件开发商做的更新，请在阅读时，根据书中的思路，举一反三，进行学习。

本书由陈楠华、李格华编著，参与编写的人员还有高彪等人，在此表示感谢。由于作者知识水平有限，书中难免有不妥和疏漏之处，恳请广大读者批评、指正。

编　者

CONTENTS **目录**

第1章

数据平台：
选择合适的分析渠道

在对短视频进行数据分析时，运营者可以借助短视频数据分析平台中的相关数据来提高分析的效率。本章将对 8 个短视频数据分析平台进行重点讲解，让大家可以更好地选择适合自己的分析渠道。

▶ 001 飞瓜数据

飞瓜数据是一个致力于进行短视频和直播电商数据分析的平台，该平台为运营者提供了抖音版、快手版和 B 站版这 3 个版本的数据分析工具，运营者只需根据账号所属的平台选择对应的工具即可。如图 1-1 所示，为飞瓜数据的官网默认页面，运营者只需单击对应版本的按钮，便可进入该版本的数据分析工具。

图 1-1　飞瓜数据的官网默认页面

接下来，笔者就以飞瓜数据抖音版为例进行说明。飞瓜数据抖音版中为运营者提供了许多数据分析板块。运营者必须要重点把握其中 5 个数据分析板块，即"直播分析""电商分析""播主查找""数据监测"和"品牌推广"。

"直播分析"中为运营者提供了 6 个功能，即"实时直播热榜""带货主播榜""直播数据大盘""直播搜索""实时直播爆品"和"主播热度榜"。运营者可以借助这些功能查看短视频账号中直播的相关数据。

以"实时直播热榜"为例，运营者通过该功能可以查看实时直播的热度排名。具体来说，运营者可以按照"销售额排序""销量排序"或"人数峰值排序"来查看实时直播的排名。如图 1-2 所示，为按照"销售额排序"的"实时直播热榜"页面。

"电商分析"中主要包括 5 个功能，即"抖音商品榜""商品搜索榜""热门带货视频""抖音小店榜"和"达人销量榜"。这些榜单和视频都会根据商品的销售情况或带货情况进行排名。运营者可以根据排名判断哪些商品比较受欢迎，然后结合自身账号定位，选取用户需求量更大的商品进行针对性的带货，从而提高短视频的带货能力。

图1-2 根据"销售额排序"的"实时直播热榜"页面

以"抖音商品榜"为例，运营者可以按照"抖音销量""抖音销售额"或"抖音浏览量"对抖音中销售的商品进行排名。如图1-3所示，为根据"抖音销量"对抖音中销售的商品进行的排名。

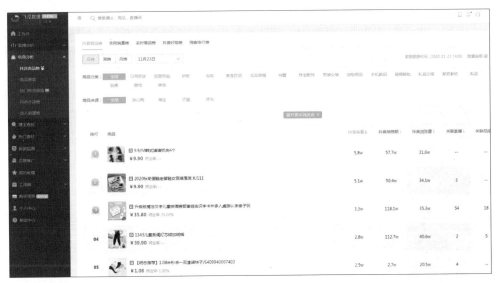

图1-3 根据"抖音销量"对抖音中销售的商品进行的排名

"播主查找"板块中（这里的播主表示的是账号，或者说是账号名称）主要是为运营者提供"播主搜索""播主排行榜""MCN资料库"和"巨量星图热榜"等功能。运营者可以通过这些功能查找账号，并查看账号的排名情况。

以"播主排行榜"为例，借助该功能，运营者可以查看"涨粉排行榜""行业排行榜""蓝Ⅴ排行榜""地区排行榜"和"成长排行榜"。如图1-4所示，为"涨粉排行榜"的相关页面，该页面中会根据粉丝的增量对账号进行排名。

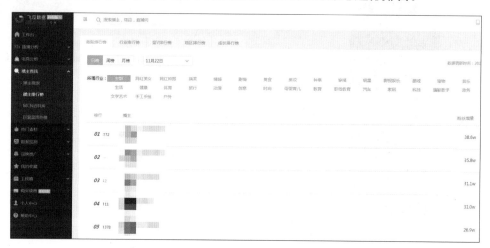

图1-4 "涨粉排行榜"的相关页面

"热门素材"中可以查看"热门视频""热门音乐""热门话题""热门评论"和"抖音热点"的排名情况。运营者可以通过这些排名，为自己的短视频选择合适的素材，使打造出来的短视频内容更受用户的欢迎。

例如，在"热门视频"页面中，运营者可以根据"综合排序""点赞最多""评论最多"和"分享最多"对短视频进行排序。如图1-5所示，为"热门视频"的"综合排序"情况。

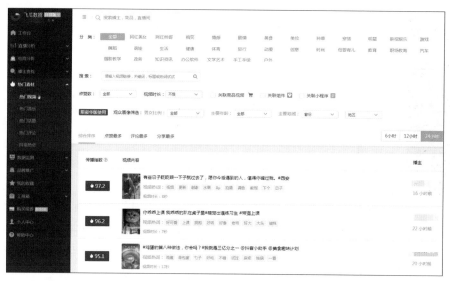

图1-5 "热门视频"的"综合排序"情况

"数据监测"中可以对账号、视频和直播等进行监测，让运营者更清晰地了解自身的运营情况。以"视频监控"为例，运营者可以单击"视频监控"按钮，进入"视频监控"页面，如图1-6所示。运营者可以在该页面中输入视频的地址，设置相关的监控选项，对视频进行即时监控或预约监控。

图1-6 "视频监控"页面

"品牌推广"功能，顾名思义，就是查看品牌推广数据的功能。运营者可以通过该功能判断对应品牌及其旗下产品在短视频平台中的受欢迎程度，然后选择比较受欢迎的品牌进行短视频带货，让带货更有保障。

具体来说，在"品牌推广"中，运营者可以查看"品牌排行榜"，或者进行"品牌搜索""品牌对比"操作。如图1-7所示，为"品牌排行榜"页面，该页面的排行榜会根据品牌的点赞数对品牌进行排序。

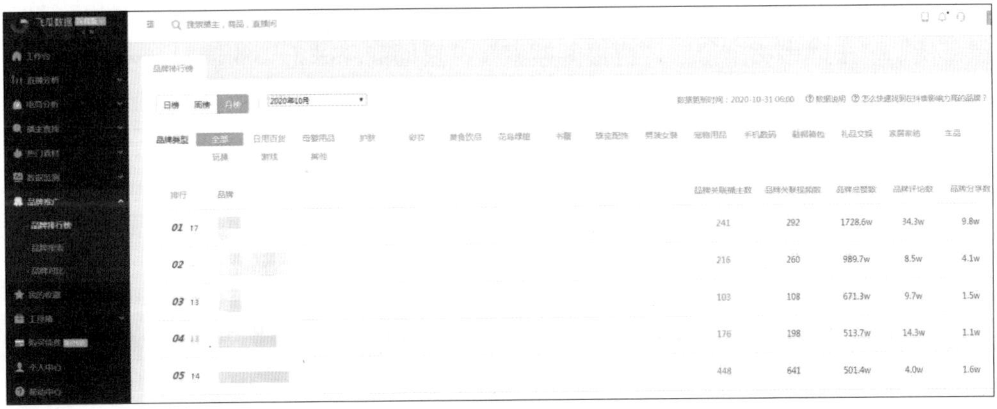

图1-7 "品牌排行榜"页面

▶ 002 新榜

　　新榜是一个综合性的数据分析平台，该平台主要为运营者提供了公众号、视频号、抖音号、快手号和哔哩哔哩等平台的数据。如图1-8所示，为新榜官网默认页面，运营者只需单击页面上方的菜单栏，便可查看对应平台和账号的相关数据。

图1-8　新榜官网默认页面

　　例如，单击新榜官网默认页面菜单栏中的"抖音号"，即可进入"新抖"平台，查看抖音的相关数据。在"新抖"中进行数据分析时，运营者需要重点用好6个板块，即"直播电商""找抖音号""MCN机构""短视频素材""电商带货"和"品牌营销"。

　　在"直播电商"板块中，运营者可以查看"实时直播榜""直播实时爆款""明星带货""主播带货排行""直播间搜索""直播商品排行"的情况，还可以对主播和直播间进行搜索。

　　以"实时直播榜"为例，运营者只需单击菜单栏中的"实时直播榜"按钮，便可进入"实时带货榜"页面，查看实时带货榜单的情况，如图1-9所示。此外，开通了平台VIP的运营者，还可以查看"实时音浪帮""抖音·实时直播热榜"和"抖音·直播小时榜"的相关数据，更全面地掌握实时直播的排行情况。

　　"找抖音号"板块主要是为运营者查看对应短视频账号的相关数据提供便利的。在该板块中，运营者可以通过"抖音号搜索"或"地域找号"的方式，查找某个账号的数据；也可以通过"指数排行榜""单项指标排行""巨量星图热榜"和"抖音·明星爱DOU榜"查看榜单中各账号的相关数据。

图 1-9 "实时直播榜"页面

以"抖音号搜索"为例，运营者可以单击"抖音号搜索"按钮，进入"抖音号搜索"页面，如图 1-10 所示。在该页面的搜索栏中输入抖音名称、抖音 id、简介或认证信息，便可以查看对应账号的数据。

图 1-10 "抖音号搜索"页面

在"MCN 机构"板块中，运营者可以通过"MCN 机构搜索"或"找 MCN 账号"搜索 MCN 机构和账号，也可以通过"MCN 地图"查看 MCN 机构的分布情况，还可以通过"MCN 账号排行"查看 MCN 账号的排名情况。

以查看"MCN 账号排行"为例，运营者可以分别查看 MCN 账号的"粉丝排行""地域排行""粉丝飙升"和"获赞排行"。如图 1-11 所示，为 MCN 账号的"粉丝排行"情况。

图 1-11　MCN 账号的"粉丝排行"情况

"短视频素材"中为用户提供了各类短视频素材的排行情况。运营者可以根据自身需求，查看对应素材的相关数据。如图 1-12 所示，为"视频搜索"页面，运营者可以在该页面的搜索栏中输入视频描述，查看对应视频的数据；还可以根据"分享数""评论数"或"获赞数"对视频进行排名。

图 1-12　"视频搜索"页面

"电商带货"板块中为运营者提供了各项电商带货数据。运营者既可以直接查看商品的销售情况，也可以查看对应视频或者 KOL 的带货数据。

例如，运营者可以通过"电商带货"板块中的"热门商品排行"功能，查看"全网销量排行""抖音访客量排行""低粉热货榜""人气好物榜""抖音销量排行"和"达人热推排行"的相关数据。如图 1-13 所示，为"全网销量排行"的相关页面。

图 1-13 "全网销量排行"页面

"品牌营销"板块中为用户提供了"营销创意视频""品牌声量""带货品牌"和"抖音·品牌热 DOU 榜"的相关数据。运营者可以通过该板块中的相关数据，判断品牌营销的效果，为短视频带货找到更可靠的品牌。

如图 1-14 所示，为"品牌声量"的相关页面，该页面会默认根据获赞数对品牌进行排名。

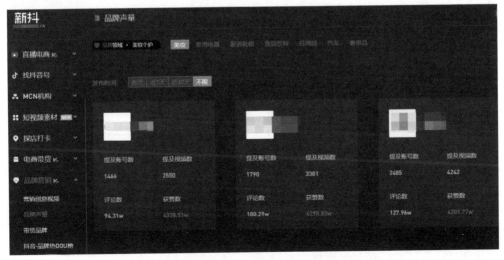

图 1-14 "品牌声量"页面

▶ 003　灰豚数据

　　灰豚数据是一个以提供直播和短视频数据为主的数据分析平台，该平台为用户提供了淘宝版和抖音版两个版本。如图 1-15 所示，为灰豚数据的官网默认页面，运营者只需单击"淘宝版"或"抖音版"按钮，便可对相应平台进行数据分析。

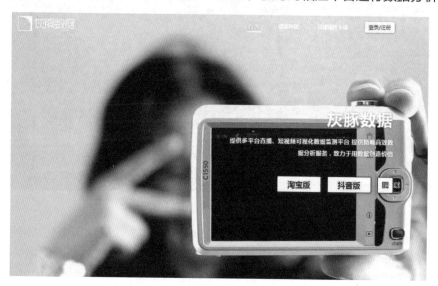

图 1-15　"灰豚数据"官网默认页面

　　下面笔者就以抖音版为例，对灰豚数据的相关数据分析功能进行说明。在灰豚数据抖音版平台中，运营者需要重点用好 6 个板块的功能，即"直播分析""热门素材""播主查找""电商分析""品牌推广"和"数据监测"。

　　"直播分析"板块中对"实时流量大盘""实时热门直播""直播达人榜""直播商品排行"和"实时直播爆款榜"的相关数据进行了呈现，并为运营者提供了"直播搜索"功能。

　　例如，运营者单击"直播分析"板块中的"直播达人榜"按钮，便可进入"直播带货达人榜"页面，查看带货达人的排行情况，如图 1-16 所示。另外，除了"直播带货达人榜"之外，运营者还可以单击页面上方的菜单栏查看"直播带货行业榜""直播分享热榜""音浪收入榜"和"直播涨粉榜"的详细数据。

　　"热门素材"板块中为运营者提供了"热门视频""热门音乐""热门话题""抖音热点"和"我收藏的素材"的相关数据。运营者可以通过数据判断素材内容受用户欢迎的程度，并从中选择更适合自己的素材内容。

　　例如，在"热门话题"页面中，运营者可以按照"默认排序"或"播放量增量排序"，对话题进行排名。如图 1-17 所示，为按照"默认排序"进行的话题排名。

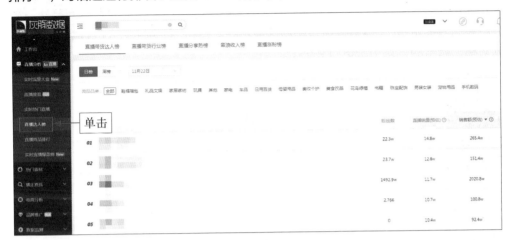

图 1-16 "直播带货达人榜"页面

图 1-17 按照"默认排序"进行的话题排名

"播主查找"板块中为运营者提供了 5 个方面的功能，即"播主搜索""播主排行榜""我收藏的播主""MCN 资料库"和"抖音号对比"。运营者可以借助这些功能，查找并分析抖音号的数据。

例如，运营者可以借助"播主排行榜"功能，查看"涨粉排行榜""行业排行榜""成长排行榜""地区排行榜"和"蓝 V 排行榜"的相关数据。如图 1-18 所示，为"涨粉排行榜"页面，运营者可以在该页面中查看榜单中各抖音号的粉丝数和粉丝增量。

"电商分析"板块中为用户提供了 7 个方面的功能，即"商品搜索""我的商品""热门带货视频""抖音商品排行""电商视频排行""实时爆款商品榜"和"电商达人销量榜"。运营者可以借助这些功能对商品、视频和达人进行数据分析，并对相关账号的运营情况进行评估。

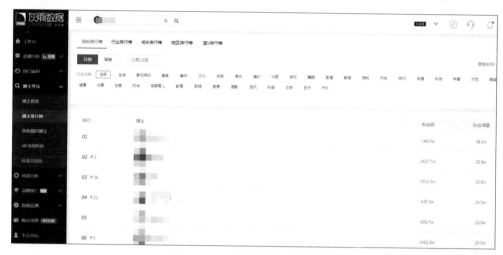

图 1-18　"涨粉排行榜"页面

例如，运营者在"实时爆款商品榜"中可以根据"佣金率""商品抖音访客增量"或"昨日销量"，对商品进行排序。如图 1-19 所示，为根据"佣金率"进行排名的"实时爆款商品榜"。

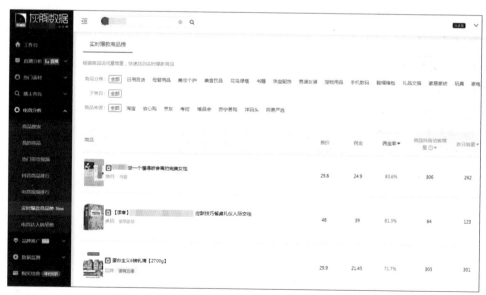

图 1-19　根据"佣金率"进行排名的"实时爆款商品榜"

　　"品牌推广"板块中主要为用户提供了3个功能，即"品牌搜索""品牌排行"和"品牌对比"。运营者可以借助该板块查看品牌的推广效果，为寻找合作品牌做好准备。

　　例如，在"品牌排行榜"页面中，运营者查看在榜品牌的"品牌关联播主数""品牌关联视频数""品牌点赞数""品牌评论数"和"品牌分享数"，如图1-20所示。

图1-20　"品牌排行榜"页面

　　"数据监测"板块中主要包括3个功能，即"抖音号监测""视频监控"和"我的直播"。运营者可以借助这些功能，对抖音号、抖音视频和抖音直播进行监测。如图1-21所示，为"视频监控"页面，运营者可以在该页面中输入视频地址，设置监控信息，对相关视频进行监控。

图1-21　"视频监控"页面

▶ 004 卡思数据

卡思数据是一个专注于进行短视频和直播分析的数据分析平台，目前该平台主要为运营者提供了 3 个平台的分析数据。如图 1-22 所示，为卡思数据的默认页面，运营者可以单击页面上方菜单栏中的"抖音""快手"或 BiliBili 按钮，进入对应版本中查看相关数据。

图 1-22　卡思数据的默认页面

以卡思数据快手版为例，运营者需要重点用好 6 个板块的功能，即"创意洞察""监测分析""达人查找""达人分析""电商带货"和"品牌追踪"。

"创意洞察"板块中为运营者提供了"热门视频"和"热点词云"功能。运营者可以借助这两个功能，查看快手平台中的热门视频和热门视频关键词。

例如，在"热门视频"页面中，运营者可以按照播放量、点赞量和评论量对视频进行排序，并查看页面中各视频的播放量、点赞量和评论量。如图 1-23 所示，为按照播放量对热门视频进行的排序。

"监测分析"板块中为运营者提供了"我的快手号"和"视频监测"功能。运营者可以借助这两个功能，对快手号和快手视频进行监测，实时了解相关数据，掌握自身的运营效果。需要特别说明的是，在笔者写稿期间，运营者只有升级成为该平台的会员，才能使用这两个功能。

例如，在运营者还未成为平台会员时，"视频监测"页面中会对该功能进行说明，如图 1-24 所示。如果运营者需要使用该功能，可以单击页面中的"立即升级"

按钮，按照系统提示进行操作，成为该平台的会员。

图1-23　按照播放量对热门视频进行的排序

图1-24　运营者还未成为会员时的"视频监测"页面

"达人查找"板块，顾名思义，就是为运营者查找达人提供便利的一个板块。该板块中为运营者提供了4个功能，即"达人搜索""达人榜""涨粉榜"和"地区榜"。运营者可以借助这些搜索和榜单，查找达人并评估达人的运营情况。

例如，在"达人榜"页面中，会按照"卡思指数"对达人进行排名，而运营者则可查看榜单中各账号的"粉丝总数""粉丝质量""中位播放数""中位点赞数"

和"中位评论数"，如图1-25所示。

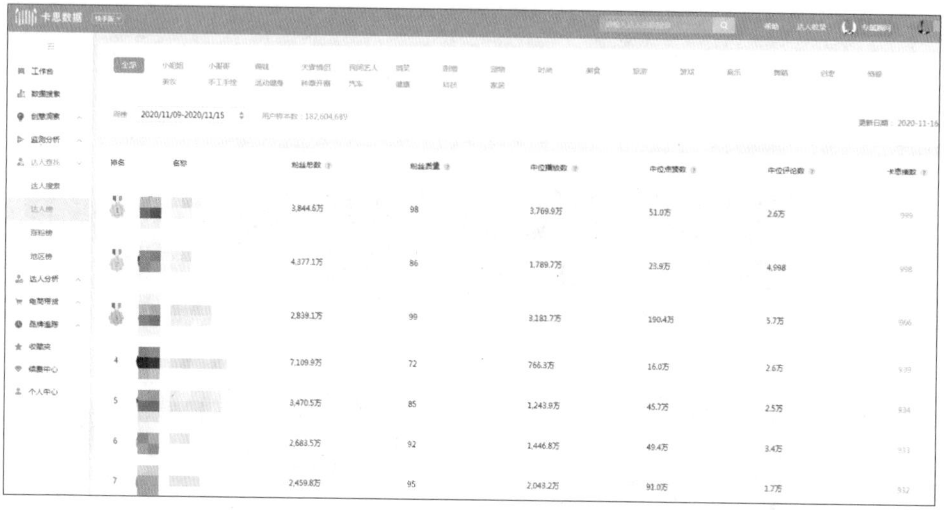

图1-25　"达人榜"页面

在"达人分析"板块中，运营者可以通过"达人对比""粉丝解析"和"平台达人分布"对达人进行全面分析。需要说明的是，这些功能需要升级为会员才能使用。

"电商带货"板块中主要为运营者提供了3个功能，即"商品搜索""销量榜"和"达人销量榜"。运营者可以借助这些功能对商品销量和达人的带货情况进行分析，了解哪些产品比较畅销、哪些达人更受用户欢迎。

例如，在"销量榜"页面中，会根据"直播带货销量（件）"对商品进行排名。运营者在该页面中，可以查看榜单中各商品的价格和直播销量，如图1-26所示。

图1-26　"销量榜"页面

"品牌追踪"板块中为运营者提供了"品牌动态""品牌舆情"和"品牌用户画像"功能。运营者可以借助这些功能对各品牌的相关情况进行分析，从而找到更适合进行合作的品牌。不过，这些功能需要升级为会员之后才能使用。如果运营者有需要，也可以开通会员使用这些功能。

▶ 005 抖查查

抖查查是一个以提供抖音相关数据为主的数据分析平台。在该平台中，运营者需要重点用好 7 个板块，即"直播""电商""达人""短视频""品牌""监测"和"工具"。

"直播"板块中为运营者提供了"实时直播榜""爆款直播间""直播带货榜""直播引流榜""直播搜索"和"带货推广搜索"功能。这些功能为运营者进行直播数据分析提供了极大的便利。

"实时直播榜"页面中主要包括"实时直播榜""抖音直播榜"和"直播流量大盘"这 3 个部分的内容，并且这几个部分又分别包含了几项数据统计。其中，"实时直播榜"部分便包含了"实时销售额榜""实时销量榜""实时观看榜""实时音浪榜""实时点赞榜"和"主播粉丝榜"的相关数据。

例如，在"实时销售额榜"页面中，运营者可以查看直播的基本信息（直播标题、达人和开播时间），还可以查看"当前观看人数""获得音浪""获得点赞数""累计销量"和"累计销售额（预估）"等数据，如图 1-27 所示。

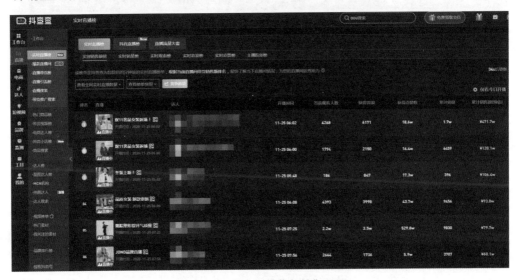

图 1-27　"实时销售额榜"页面

"电商"板块中主要为运营者提供了"热门商品榜""带货视频榜""电商达人榜""抖音小店榜"和"商品搜索"功能。这些功能可以为运营者分析短视频账号和内容的带货能力提供极大便利。

例如，运营者可以借助"热门商品榜"功能，查看"抖音销量榜""全网销量榜""好物榜"和"淘客推广排行榜"，了解榜单中的各项数据。又如，在"抖音销量榜"页面中，运营者便可以看到榜单中各商品的"热推达人数""近 30 天转化率""佣金比例""日浏览量""近 30 天浏览量""日销量"和"近 30 天销量"等数据，如图 1-28 所示。

图 1-28　"抖音销量榜"页面

"达人"板块中为运营者提供了"达人榜""星图达人榜""MCN 机构""纯佣达人"和"达人搜索"功能。这些功能可以帮助运营者更好地分析抖音达人的运营情况，让运营者快速找到学习的对象。

例如，在"达人榜"页面中，运营者便可以查看"涨粉榜""黑马榜""掉粉榜""粉丝总榜""蓝 V 榜"和"被封达人榜"的相关数据。如图 1-29 所示，为"涨粉榜"页面，运营者在该页面中可以查看榜单中各抖音号的"涨粉数"和"抖音粉丝数"。

"短视频"板块中为运营者提供了"视频榜单""热门素材"和"我关注的素材"功能。运营者可以借助这些功能查看抖音的热门素材及其相关的数据，并从这些素材中选择合适的内容进行短视频的打造。

例如，在"热门素材"中，运营者便可以查看"热门音乐""热门话题"和"打卡地点榜"的相关数据。如图 1-30 所示，为"热门话题"页面，运营者可以查看该页面中各话题的"参与人数""总播放量"和"参与人数趋势"。

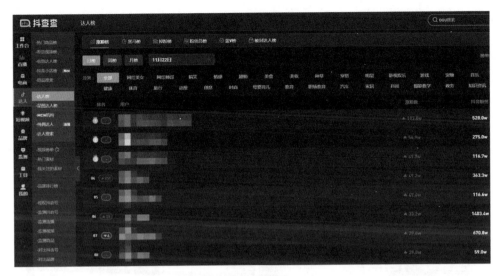

图1-29　"涨粉榜"页面

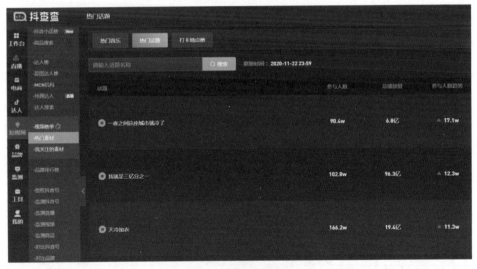

图1-30　"热门话题"页面

　　"品牌"板块中为运营者提供了"品牌排行榜"功能，该榜单功能中根据点赞量对品牌进行了排名。运营者可以在"品牌排行榜"页面中，查看榜单中各品牌的"关联直播""关联视频""在售达人""点赞量""评论量"和"转发量"等数据，分析对应品牌的运营情况，如图1-31所示。

　　"监测"板块中为运营者提供的功能包括"授权抖音号""监测抖音号""监测直播""监测视频""监测商品""对比抖音号"和"对比品牌"。运营者可以借助这些功能，对抖音号、直播、视频和商品分别进行监测，实时掌握自身的运营效果。

图 1-31 "品牌排行榜"页面

以"监测视频"为例，运营者可以进入"监测视频"页面，输入视频地址链接，设置监测时长，对视频进行监测。如图 1-32 所示，为"监测视频"页面。

图 1-32 "监测视频"页面

"工具"板块中为运营者提供了"抖音号估值""视频去水印""敏感词查询"和"数据定制"等功能。运营者可以根据自身需求，使用这些功能。

例如，运营者可以进入"抖音号估值"页面，在页面中输入账号名称，单击"搜索"按钮，如图 1-33 所示。

图1-33 "抖音号估值"页面

操作完成后，系统会自动对抖音号进行估值。估值完成后，运营者便可以在"历史估值"中查看抖音号的估值，如图1-34所示。

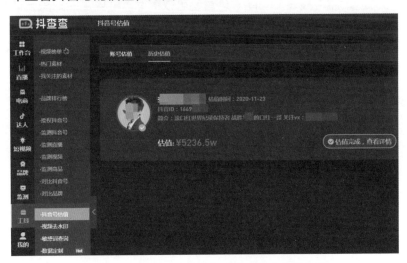

图1-34 在"历史估值"中查看抖音号的估值

▶ 006 短鱼儿

"短鱼儿"（原名"抖大大"）是一个以分析抖音数据为主的数据分析平台。在该平台中，运营者需要重点用好7个板块的功能，即"抖音授权中心""数据监测""找抖音号""素材/视频""直播分析""电商带货"和"快手榜单"。

在"抖音授权中心"板块中，运营者可以授权抖音号，并查看抖音号的"总视频数""总粉丝数""新增粉丝""新增点赞"和"新增播放"等实况数据，如图 1-35 所示。

图 1-35　查看抖音号实况数据

"数据监测"板块中为运营者提供了"达人监测""直播监测""视频监测""商品监测"和"达人监测报表"功能。运营者可以根据需要监测的对象，选择对应的监测功能。

如图 1-36 所示，为"直播监测"页面，运营者可以在该页面中输入抖音昵称、抖音号或达人主页链接，并设置监测信息，对直播进行监测。

图 1-36　"直播监测"页面

"找抖音号"板块中为运营者提供了"抖音号搜索""粉丝榜""涨粉榜""红人榜""星图达人热榜"和"热门达人收藏夹"功能。运营者可以借助这些功能查找抖音号，并了解各榜单中在榜抖音号的相关数据。

例如，在"粉丝榜"页面中，运营者可以查看"抖音粉丝榜 TOP100"账号的"粉丝总数""点赞总数"和"视频总数"，如图 1-37 所示。

图 1-37 "粉丝榜"页面

"素材/视频"板块中为运营者提供了"热门视频""热搜话题"和"热门音乐"这 3 个功能。运营者可以借助这些功能查看并分析热门素材的相关数据。

例如，在"热搜话题"页面中，运营者可以查看"抖音热搜话题 TOP50"的"内容"（即话题名称）、"热度指数"（包括最新热度指数和热度峰值）和"首次上榜时间"（首次上榜时间的下方还会显示上榜的次数），如图 1-38 所示。

图 1-38 "热搜话题"页面

"直播分析"板块中为运营者提供了"热门直播广场""带货主播销量榜""直播商品销量榜""抖音直播小时榜""抖音音浪收入榜"和"开启直播监测"功能。运营者可以借助这些功能了解那些比较成功的直播的相关数据，也可以对自己的直播进行监测和评估。

如图1-39所示，为"带货主播销量榜"页面，运营者可以在该页面中查看榜单中各主播的"达人标签""总观看人数""直播预估销量"和"直播预估销售额"等信息和数据。

图1-39　"带货主播销量榜"页面

"电商带货"板块中为运营者提供了"抖音好物榜""抖音达人销量榜""带货达人福利区""全网商品曝光榜""电商视频排行榜""直播达人热榜""抖音电商搜索"和"热门抖音小店"功能。运营者可以借助这些功能了解哪些主播和商品比较受用户欢迎，也可以实时地掌握某个商品的相关数据，还可以查看商品的各种带货信息。

例如，在"带货达人福利区"页面中，运营者可以查看榜单中各商品的价格、抖音访客量、月销量、佣金比例、粉丝数和样品剩余量等信息和数据，如图1-40所示。运营者可以对该页面中的商品进行评估，然后从中选择合适的产品进行带货，提高带货的收益。

虽然短鱼儿是以提供抖音数据为主的平台，但是该平台中也提供了一些其他平台的数据。"快手榜单"板块中便提供了3个快手数据分析功能，即"快手达人涨粉榜""挂榜电商土豪榜"和"挂榜热门主播榜"。运营者可以借助这些功能了解快手的相关数据，从中查找成功的运营案例，为自身的账号运营寻找成功的经验。

例如，在"快手达人涨粉榜"页面中，运营者可以查看快手号的"达人标签""地区""粉丝数"和"昨日涨粉数"等信息和数据，如图1-41所示。运营者可以通过该榜单快速地找到近期运营得比较好的快手号，并根据账号的近期活动分析出其取得成功的原因，并借助这些经验提高自身的账号运营水平。

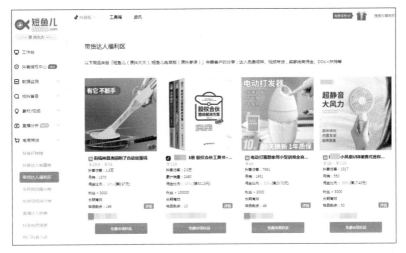

图 1-40　"带货达人福利区"页面

图 1-41　"快手达人涨粉榜"页面

▶ 007　蝉妈妈

　　蝉妈妈是一个致力于进行短视频和直播数据分析的平台，在该平台中运营者需要重点用好 6 个板块的功能，即"直播""商品""小店""达人""视频 & 素材"和"我的监控"。

　　"直播"板块中为运营者提供了"直播库""预热视频分析""红人看板""今日直播榜""直播商品榜""达人带货榜""土豪送礼榜""礼物收入榜"和"直播分享榜"功能。这些功能可以帮助运营者快速掌握直播的相关数据。

例如，在"今日直播榜"中，运营者可以查看"今日直播带货榜""直播实时热榜"和"抖音官方小时榜"的相关数据。如图1-42所示，为"今日直播带货榜"页面，运营者在该页面中可以查看"直播商品数""直播销量""直播销售额（元）""粉丝数"和"人气峰值"等数据。

图1-42　"今日直播带货榜"页面

"商品"板块中为运营者提供了"选品库""抖音销量榜""抖音热推榜""抖音好物榜""实时销量榜""全天销量榜"和"商品品牌榜"功能。这些功能可以帮助运营者快速了解哪些商品比较受用户的欢迎，为运营者带货选品提供依据。

例如，运营者可以在"实时销量榜"页面中查看榜单中各商品的"价格""佣金比例""近两小时销量"和"月销量"等数据，然后根据这些数据判断对应商品的销售情况，如图1-43所示。

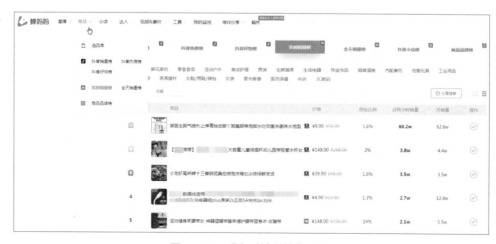

图1-43　"实时销量榜"页面

　　"小店"板块中主要为运营者提供了两个功能，一是"小店库"功能，二是"小店排行榜"功能。这两个功能可以帮助运营者快速地查找抖音小店，并分析小店的相关数据。

　　例如，在"抖音小店榜"页面中，运营者可以查看抖音小店的名称和类别等信息，还可以查看抖音小店的"关联视频（数）""关联直播（数）""昨日转化率""昨日销量""昨日销售额（元）"等数据，如图 1-44 所示。

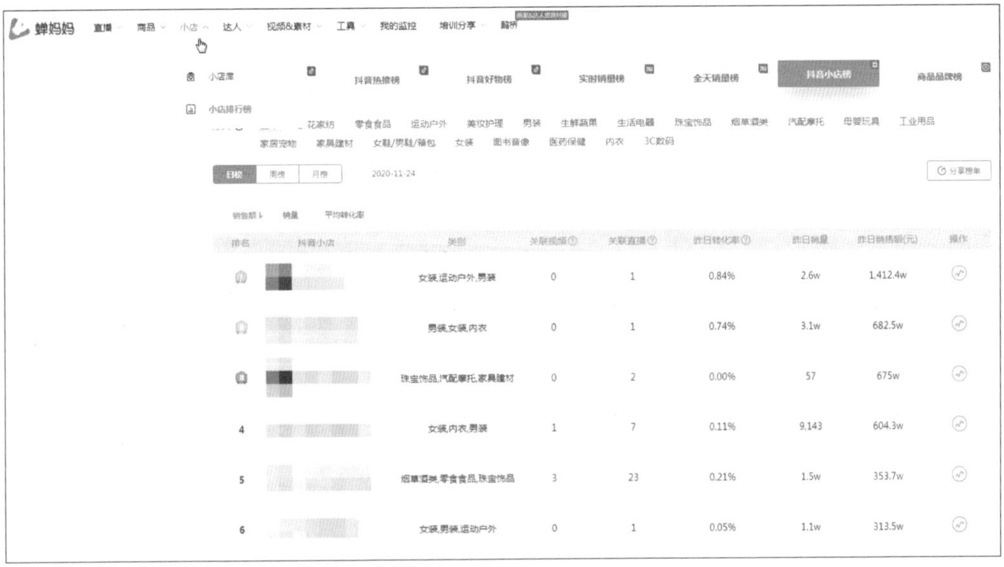

图 1-44　"抖音小店榜"页面

　　"达人"板块中为运营者提供了"达人库""涨粉达人榜""商品分享榜""行业达人榜""成长达人榜""地区达人榜""蓝 V 达人榜""视频达人指数榜""视频涨粉指数榜""视频性价比指数榜""视频种草指数榜""视频精选潜力榜"和"视频传播指数榜"功能。运营者可以借助这些功能对达人的运营水平进行评估，从中寻找更具商业价值的达人，并学习其运营经验。

　　例如，在"商品分享榜"页面中，运营者可以查看榜单中各达人的名称和类型等信息，还可以查看达人的"作品（数）""粉丝（数）"和"电商视频点赞增量"等数据，如图 1-45 所示。

　　"视频＆素材"板块中为运营者提供了"视频库""电商视频榜""热门视频榜"和"音乐库"功能。运营者可以借助这些功能查看热门素材资源，并从中选择合适的素材进行内容的储备。

　　例如，在"电商视频榜"中，运营者可以查看榜单中各视频的"点赞数""转发数""评论数""预估销量"和"预估销售额"等数据，如图 1-46 所示。

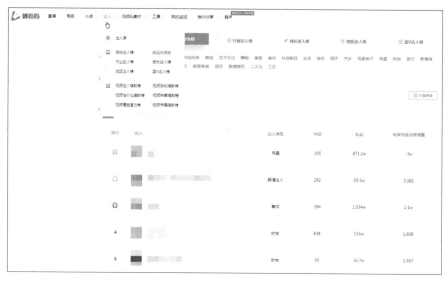

图1-45　"商品分享榜"页面

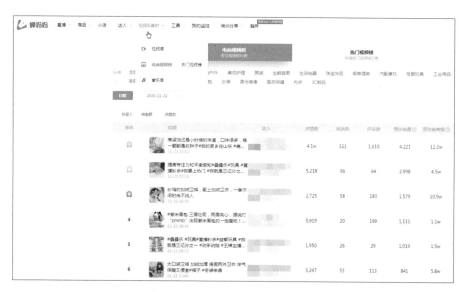

图1-46　"电商视频榜"页面

"我的监控"板块中为运营者提供了5个功能，即"个人中心""抖音号分析""我的收藏""数据监控"和"订单数据"。运营者可以借助这些功能对账号进行监控，并分析账号的运营情况。

例如，运营者在"视频监控"页面中单击"添加视频监控"按钮，便会弹出"添加视频监控"对话框，如图1-47所示。运营者可以在该对话框中输入抖音视频地址，设置监控信息，对视频进行监控。

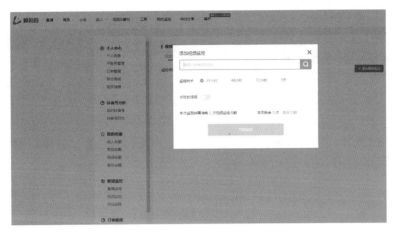

图 1-47　"添加视频监控"对话框

▶ 008　优略数据

　　优略数据是一个以提供短视频数据服务为主的分析平台。在该平台中，运营者需要重点用好"直播""达人""短视频""商品"和"数据监控"功能。

　　"直播"板块中为运营者提供了"直播间搜索""直播达人搜索""今日直播榜""达人带货榜"和"直播礼物榜"功能。运营者可以借助这些功能对直播间和直播达人进行搜索和分析。

　　例如，运营者可以借助"今日直播榜"功能，查看直播"带货榜""人气榜"和"小时榜"。如图 1-48 所示，为"今日直播榜"的"带货榜"页面，运营者可以在该页面中查看榜中各达人的"直播商品数""直播销量""直播销售额""人气峰值"和"粉丝数"数据。

图 1-48　"今日直播榜"的"带货榜"页面

"达人"板块中为运营者提供了"达人搜索""达人榜单""MCN 机构""星图达人热榜"和"小店达人榜"功能。运营者可以借助这些功能搜索和查看达人的数据，快速找到账号运营学习对象。

例如，运营者可以借助"达人榜单"功能，查看达人"总榜""涨粉榜"和"掉粉榜"。如图 1-49 所示，为"达人榜单"的"总榜"页面，该页面中会根据榜单指数对达人进行排名。另外，运营者还可以在该页面中查看榜单中各达人的"粉丝数""粉丝增量""作品增量""点赞增量""评论增量"和"分享增量"等数据，并根据这些数据判断达人的运营水平。

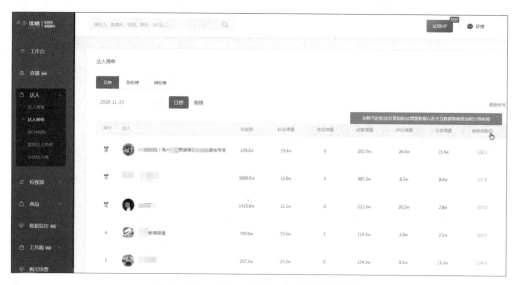

图 1-49　"达人榜单"的"总榜"页面

"短视频"板块中为运营者提供了"热门视频""热门音乐""热门话题"和"热门道具"功能。运营者可以借助这些功能查看和分析热门素材的数据，为短视频的打造搜集好素材。

例如，在"热门视频"页面中，运营者可以查看页面中各视频的"点赞量""评论量"和"分享量"数据，并根据这些数据判断页面中各视频的受欢迎程度，找到更适合自身需求的视频素材，如图 1-50 所示。

"商品"板块中为运营者提供了"商品库""直播商品榜""抖音好物榜"和"品牌热度榜"功能。运营者可以借助这些功能查看和分析商品数据，并根据数据寻找更适合进行带货的商品。

例如，在"直播商品排行"页面中，运营者可以查看榜单中各商品的"关联直播场次""关联直播达人（数）""人数峰值""商品价格""佣金比例""直播销量"和"直播销售额"等数据，并分析哪些商品更受用户的欢迎，做好直播选品，如图 1-51 所示。

图1-50 "热门视频"页面

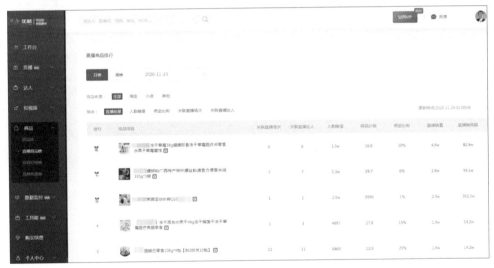

图1-51 "直播商品排行"页面

"数据监控"板块中为运营者提供了"我的直播""我的抖音号""视频监控""直播监控"和"账号授权"功能。运营者可以借助这些功能对短视频账号及账号中的视频和直播进行监控，实时掌握账号、视频和直播的数据，并在此基础上了解和分析运营情况。

例如，运营者可以在"直播监控"页面中单击"添加直播监控"按钮，操作完成后页面中便会弹出"添加直播监控"对话框，如图1-52所示。运营者可以在该对话框中粘贴直播间链接地址，并对监控信息进行设置，开启直播监测功能，实时掌握直播的相关数据。

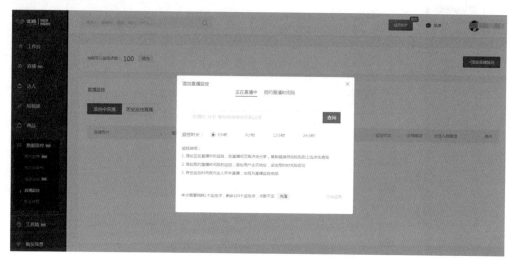

图1-52　"添加直播监控"对话框

第2章

内容分析：
根据数据构建各元素

每个短视频都是由各部分内容构成的，如果运营者能够根据数据选择素材元素，构建短视频内容，那么这个短视频将更有可能成为爆款。本章就从短视频中各元素的数据分析入手，帮助运营者更好地构建短视频内容。

▶ 009 带货达人数据

　　短视频中选择的出镜者或者说带货达人不同，短视频取得的营销效果可能会出现较大的差异。通过短视频进行带货时，带货达人的能力将直接影响运营者的收益，此时选择合适的带货达人就显得尤为重要了。

　　当然，部分运营者可能会选择自己出镜进行带货，此时运营者需要做的就是提高自身专业水平，从而提高短视频的带货效果。这一节笔者重点讲解另一种情况，即邀请他人（或者说带货达人）出镜带货。

　　那么，运营者要如何更好地选择带货达人呢？笔者认为其中一种比较简单、有效的方法就是通过数据分析对带货达人进行评估，然后根据评估结果选择带货达人。当然，对于自己出镜带货的运营者来说，也可以根据评估结果，找到优秀的带货达人，学习其成功的带货经验。

　　具体来说，笔者认为在评估带货达人时需要对3类数据进行分析，即粉丝数据、行业数据和销量数据。

　　分析带货达人的粉丝数据很简单，运营者可以直接通过数据分析平台查看带货达人的粉丝榜。例如，在蝉妈妈平台的"涨粉达人榜"页面中，运营者可以查看榜单中各带货达人的"粉丝增量"和"粉丝数"等数据，如图2-1所示。

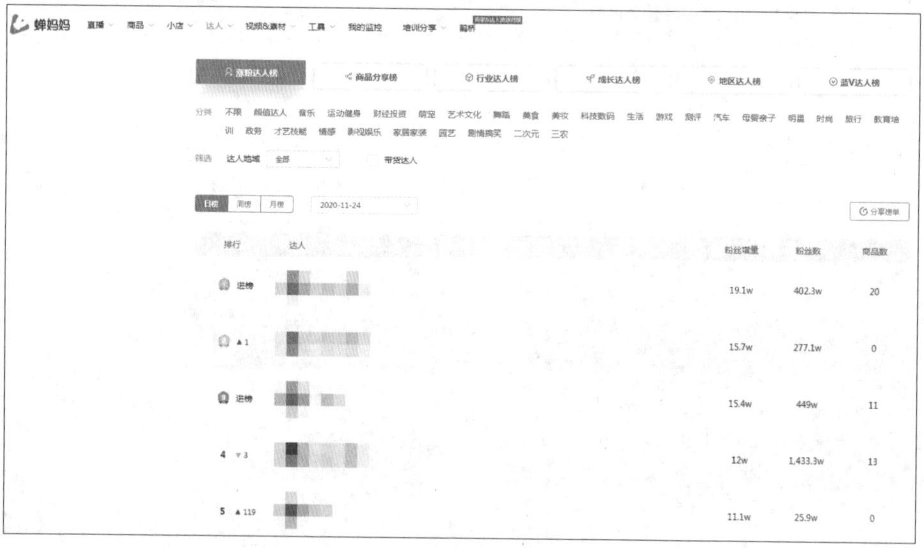

图2-1　蝉妈妈平台的"涨粉达人榜"页面

　　带货达人的行业数据在许多数据分析平台中也可以直接进行查看。例如，运营者可以在蝉妈妈平台的"行业达人榜"页面中选择某一个行业，查看该行业的达人榜。如图 2-2 所示，为"颜值达人"行业的"行业达人榜"页面，运营者可以在该页面中查看榜单中各达人的"传播指数""粉丝""点赞增量""评论增量"和"转发增量"等数据，如图 2-2 所示。

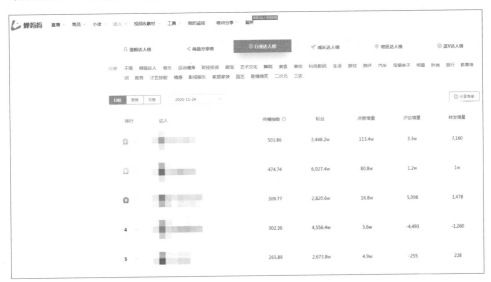

图 2-2　蝉妈妈平台的"行业达人榜"页面

而运营者要分析销量数据，则可以直接查看达人销量榜。例如，运营者可以在灰豚数据平台的"电商达人销量榜"页面中，查看榜单中各达人的"播主作品数""粉丝数"和"直播销售额（预估）"等数据，如图 2-3 所示。

图 2-3　灰豚数据平台的"电商达人销量榜"页面

在找到相关数据之后，运营者便可以结合这些数据对带货达人进行综合分析，并从中选择合适的带货达人进行合作，或者选择成功的带货达人进行学习。例如，运营者可以对比分析达人榜单，选择粉丝、行业和销量数据都比较靠前的带货达人进行合作，让这些比较成功的带货达人为你带货。

▶ 010 商品销售数据

因为只有短视频中的商品获得较高的销量，运营者的带货收入才有保障。所以运营者需要在打造带货短视频的过程中，根据自身定位选择销量相对较高的商品进行带货。

那么，如何找到销量相对较高的商品呢？此时，运营者便可以结合各数据平台的相关榜单对产品的销量情况进行评估。

例如，抖音运营者想知道哪些商品在抖音中的销量比较高，可以直接查看蝉妈妈平台的"抖音销量榜"。在该榜单的页面中，运营者可以直观地看到榜单中各商品的"昨日销量""月销量"和"30天转化率"等与销量相关的数据，如图2-4所示。

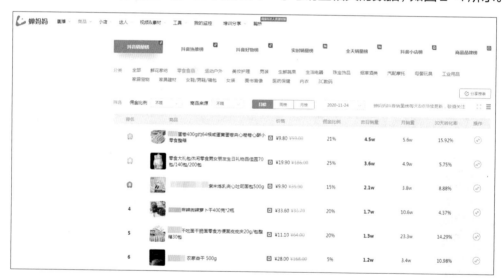

图2-4　蝉妈妈平台的"抖音销量榜"页面

除了查看某个平台中的商品销量之外，运营者还可以查看某个时间的商品销量情况。例如，当运营者需要查看当下热销的商品时，可以直接进入蝉妈妈平台的"实时销量榜"页面，查看榜单中各商品的"近两小时销量"，如图2-5所示。

又如，当运营者想知道"今日"哪些商品比较受欢迎时，可以进入蝉妈妈平台的"全天销量榜"页面，查看榜单中各商品的"今日累计销量"。如图2-6所示，为"零食食品"类商品的"全天销量榜"页面。

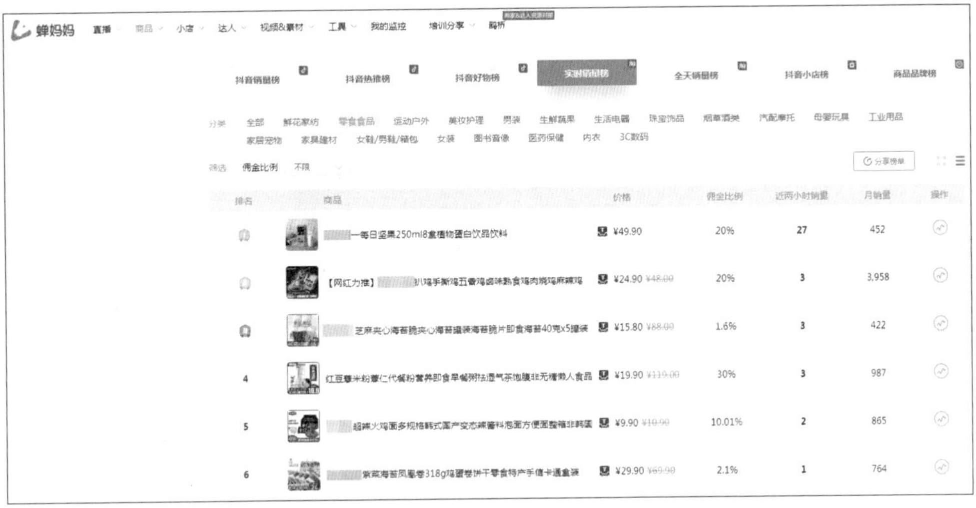

图2-5 蝉妈妈平台的"实时销量榜"页面

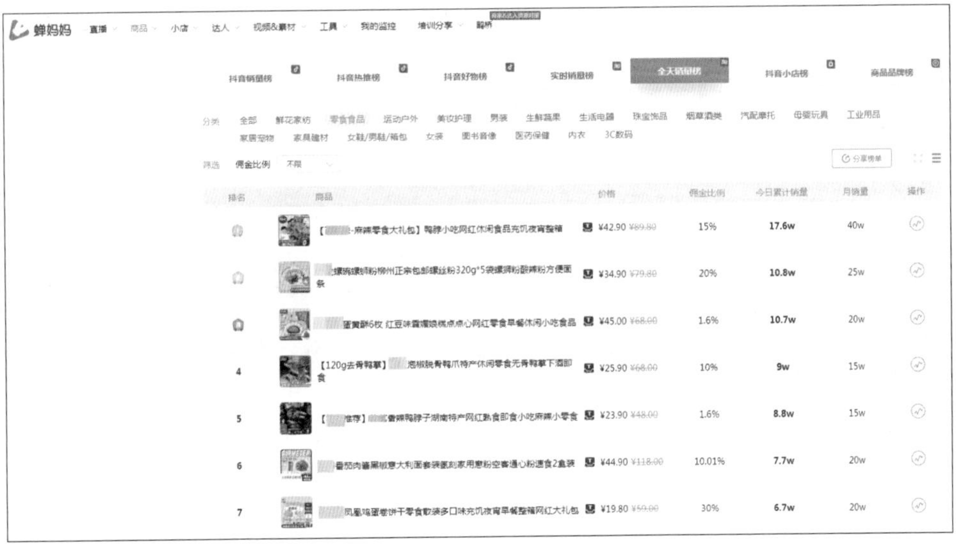

图2-6 "零食食品"类商品的"全天销量榜"页面

除了对商品销量进行分析之外，运营者还可以针对品牌进行分析，了解哪些品牌比较受用户的欢迎。例如，运营者可以进入蝉妈妈平台的"商品品牌榜"页面，查看榜单中各品牌的"昨日销量""商品数""关联视频"和"关联直播"等数据，如图2-7所示。

找到商品销量榜和品牌销量榜之后，运营者便可以结合这两种榜单选择商品进行带货。例如，运营者可以先通过商品销量榜查看哪几类商品比较受欢迎，然后再从品牌销量榜中选择包含这几类商品的品牌进行带货。

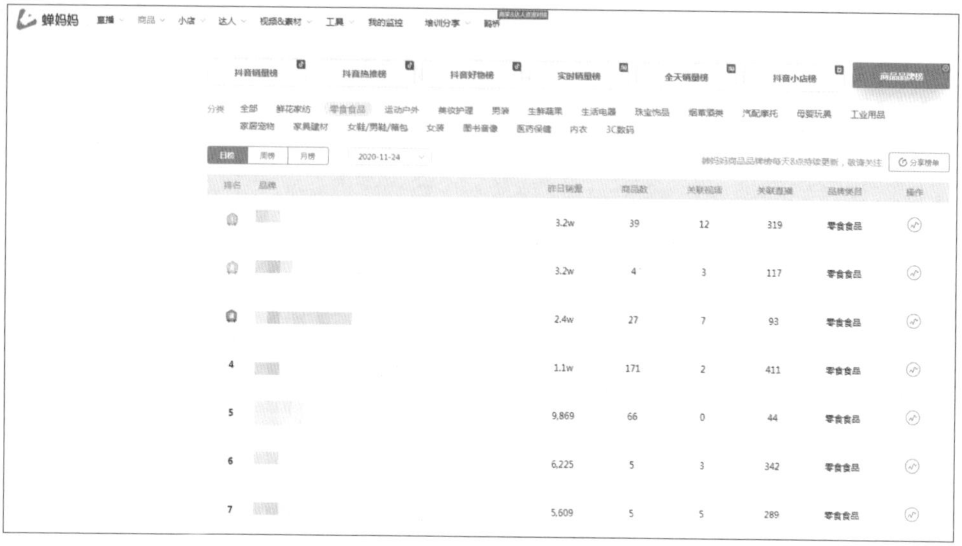

图 2-7　蝉妈妈平台的"商品品牌榜"页面

▶ 011　热门音乐数据

　　音乐，或者说背景音乐，既是短视频内容的重要组成部分，也是决定短视频能否成为爆款的重要因素之一。因此，许多运营者都会绞尽脑汁地为自己的短视频配上合适的热门音乐。

　　那么，运营者如何为短视频选择合适的热门音乐呢？笔者认为这个问题可以从两个方面进行分析：一是合适；二是热门。选择合适的音乐相对简单，运营者只需根据短视频内容选择符合短视频氛围和节奏的音乐即可；而运营者要选择热门音乐，则可以从各音乐榜单中选择排名靠前的音乐。

　　许多短视频平台中都有该平台的热门音乐榜，运营者只需找到榜单便可以快速地了解该短视频平台中哪些音乐比较受欢迎。

　　例如，在抖音短视频平台中，运营者只需进入搜索页面，便可以看到"音乐榜"板块，点击该板块下方的"查看完整音乐榜"按钮，便可以进入"热歌榜"页面，在此可以查看完整的热门音乐榜单，如图 2-8 所示。当然，除了热门音乐之外，运营者还可以切换到页面上方的对应页面，查看"飙升榜"和"原创榜"的完整榜单。

　　除了短视频平台中的榜单之外，运营者还可以通过数据分析平台中提供的音乐类榜单，了解哪些音乐比较受用户欢迎。

　　例如，在新抖平台的"音乐BGM"（BGM可以简单地理解为背景音乐）页面中，运营者可以查看某一段时间内的热门背景音乐。如图 2-9 所示，为"近7天"的"音乐 BGM"页面。

图 2-8 查看"热歌榜"的完整榜单

图 2-9 "近 7 天"的"音乐 BGM"页面

又如，在新抖平台的"抖音·音乐原创榜"页面中，运营者可以查看某一天的原创背景音乐。如图 2-10 所示，为"抖音·音乐原创榜"页面。

另外，一些其他平台（非数据分析平台）中也有部分短视频平台的热门音乐榜，运营者在选择音乐时，也可以适当地参考这些榜单。例如，运营者可以在 QQ 音乐的"QQ 音乐排行榜"页面中点击"抖音排行榜"按钮，查看抖音短视频中的热门音乐，如图 2-11 所示。

图2-10 "抖音·音乐原创榜"页面

图2-11 查看"抖音排行榜"

▶ 012 视频话题数据

　　为什么许多短视频中会添加一些话题呢？这主要是因为短视频添加话题之后，如果用户搜索与该话题相关的关键词，那么短视频就会被用户看到，这无疑可以在一定程度上增加短视频的曝光量。

　　除此之外，当某个短视频成为热门时，部分用户可能会点击该短视频中添加的话题，进入话题展示页，如图 2-12 所示。这样一来，包含该话题的短视频便会出现在这个展示页中，而短视频的曝光量自然也就增加了。

图 2-12　点击话题进入展示页

　　通常来说，短视频添加的话题越热门，短视频通过话题的添加获得的曝光量就越多。因此，运营者可以通过数据分析先了解哪些话题比较受用户欢迎，然后基于短视频内容选择合适的话题进行添加。

　　例如，运营者可以在"新抖"的"话题挑战赛"页面中按照参与人数对话题进行排序，看看哪些话题参与的用户比较多，如图 2-13 所示。

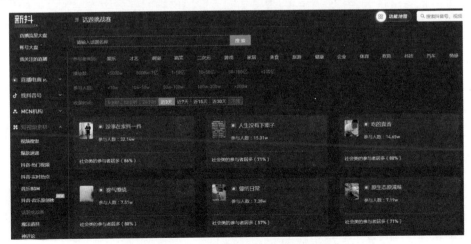

图 2-13　按照参与人数对话题进行排序

除此之外，还可以按照播放数（添加了该话题的短视频的播放数）对话题进行排序，如图 2-14 所示。

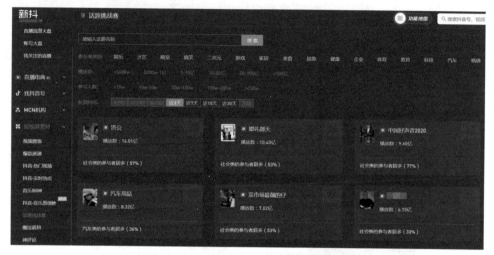

图 2-14　按照播放数对话题进行排序

对话题的参与人数和播放数排序之后，运营者便可以对两个排序中靠前的话题进行对比，看看哪些话题参与人数和播放数都比较高，然后从中选择合适的话题添加到短视频中，或者围绕这些话题进行短视频的打造。

▶ 013　热门评论数据

部分运营者认为短视频中的内容是关键，评论区有时间就去看一下，没时间的话不去管也不会有什么影响。在笔者看来，这种想法是非常不可取的。首先，评论也是短视频的一部分，当运营者需要对短视频内容进行补充说明时，可以直接通过评论区展示要补充的内容。其次，评论区的运营也会对短视频获得的流量造成一定的影响，那些用心运营评论区的运营者会更容易获得用户的青睐，从而让用户变成忠实的粉丝。

另外，许多用户在刷短视频的过程中，会习惯性地查看短视频的评论区。如果评论区的内容比较有意思，部分用户还会将短视频转发给自己的好友，让自己的好友也来看看这些评论。

所以，有时候会出现这样的情况：某个评论的点赞量比短视频的总评论数还要高。如图 2-15 所示，为某短视频的评论区，可以看到该评论区中前三条评论的点赞量都要高于短视频的总评论数。

当某条评论比较高时，有的用户可能还会点击评论者的头像和账号名称，查看评论者发布的短视频内容。因此，有时候对他人的短视频评论得好也能为运营者带来一定的流量。

图 2-15　某短视频的评论区

那么，运营者要如何写好评论呢？笔者认为，其中比较有效的一种方法就是通过数据分析查看热门评论，根据用户喜欢的评论风格进行评论。

例如，运营者可以在新抖平台的"神评论"页面中查看热门评论内容。如果运营者要查看短期的热门评论，可以选择查看"昨天"的"神评论"，如图 2-16 所示。

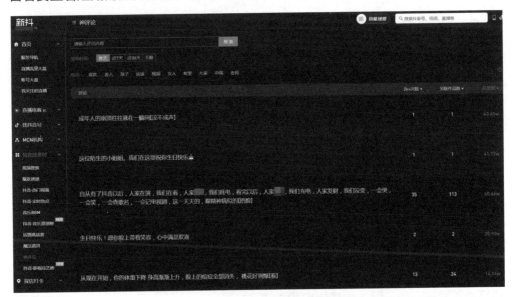

图 2-16　查看"昨天"的"神评论"

如果运营者要查看最近一段时间的热门评论，也可以选择查看"近 7 天"或"近 30 天"的"神评论"。如图 2-17 所示，为"近 30 天"的"神评论"页面。

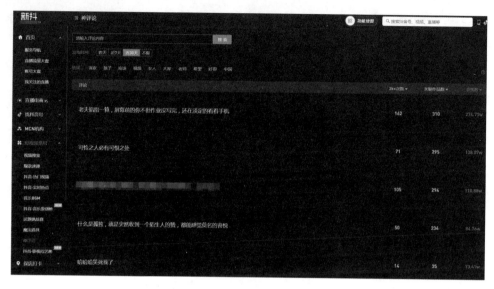

图 2-17　"近 30 天"的"神评论"页面

▶ 014　实时热点数据

热点之所以被称为"热点"，就是因为其自身带有一定的热度。因此，如果运营者能够结合热点打造短视频内容，那么用户便会对你的短视频内容更感兴趣。这样一来，你的短视频将会获得更多的流量，短视频成为爆款的概率自然也就增加了。

对于大多数运营者来说，围绕热点打造短视频内容的关键就在于找到实时热点。因为只有找到的热点足够有热度，运营者打造出来的短视频内容才能吸引更多用户的关注。

那么，运营者要如何查看实时热点呢？笔者认为，运营者可以借助数据分析平台的数据直接对热点的热度进行评估，快速了解哪些内容是用户比较关注的。

例如，运营者可以在卡思数据的"实时热点"页面中查看"最新""6 小时""12 小时""24 小时""近 3 天"或"近 7 天"的实时热点排行榜。如图 2-18 所示，为"24 小时"实时热点排行榜页面，运营者可以在该页面中查看榜单中各热点的"总上榜次数"和"热度"等数据。

除了实时热点之外，运营者还可以查看热点的热度上升排行榜，并据此判断哪些热点更容易在未来获得更多用户的关注。

例如，运营者可以在卡思数据"实时热点"排行榜的右侧查看"上升热点"。该榜单会根据实时的热度对新出现的热点进行排名，运营者只要一看榜单便能快速找出具有发展潜力的热点，如图 2-19 所示。

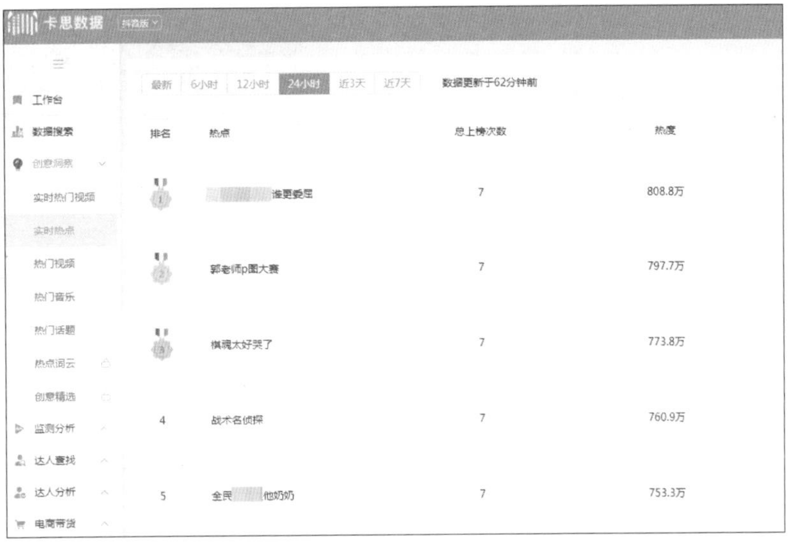

图 2-18 "24小时"实时热点排行榜页面

另外，部分短视频平台的相关板块中也会列出实时热点榜单，运营者也可以直接查看这些榜单。

以快手平台为例，运营者可以点击"首页"页面中的Q图标，如图 2-20 所示。操作完成后，进入快手搜索页面，即可看到"快手热榜"板块，如图 2-21 所示。运营者只需点击该板块下方的"完整榜单"按钮，便可查看完整的"快手热榜"，如图 2-22 所示。

图 2-19 "上升热点"页面

图 2-20 点击Q图标

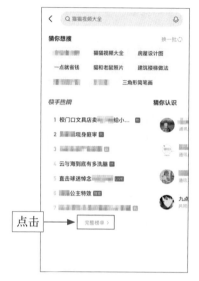

点击

图 2-21 "快手热榜"板块　　　图 2-22 查看完整的"快手热榜"

▶ 015 热门视频数据

在打造短视频内容的过程中，运营者可以参照他人的成功经验，或者将他人的短视频内容作为素材。例如，当某个短视频成为热门时，运营者可以围绕该短视频中的核心内容打造自己的短视频，也可以模仿该短视频打造自己的短视频。

当然，运营者要想借鉴热门短视频进行内容的打造，还得先找准热门短视频。对此，运营者可以借助相关的短视频榜单，快速找出热门短视频。

很多短视频平台中都有与热门短视频相关的榜单，运营者可以通过一定的操作查看对应的榜单。

以抖音短视频平台为例，运营者可以进入搜索页面，点击"更多"板块中的"好物榜"按钮，便可进入"人气好物榜"页面，如图 2-23 所示。该页面中会根据短视频中添加的商品的分享热度自动生成榜单，并且在榜单中还会显示对应短视频内容的人气值。因为该榜单中都是带货短视频，所以运营者不仅可以通过该榜单发现许多人气商品，还可以学习他人短视频带货的打造经验。

除了短视频平台之外，运营者还可以借助数据分析平台中的相关榜单查看热门短视频的相关数据，判断哪些短视频的热度比较高。

例如，在蝉妈妈平台的"电商视频榜"页面中，运营者便可以根据商品的类别查看热门电商带货短视频的相关数据。如图 2-24 所示，为"运动户外"类商品的"电商视频榜"页面，该页面中展示了榜单中各短视频的"点赞数""转发数""评论数""预估销量"和"预估销售额"等数据。

图 2-23　"人气好物榜"页面

图 2-24　"运动户外"类商品的"电商视频榜"页面

　　除了"电商视频榜"之外，运营者还可以在蝉妈妈平台中查看"热门视频榜"。具体来说，运营者可以根据时间长度查看"热门视频榜"中的"小时榜""日榜""周榜"或"月榜"。

　　如图 2-25 所示，为"热门视频榜"中的"日榜"页面，运营者可以在该页面中查看热门视频的"点赞数""转发数"和"评论数"等数据，并根据这些数据对视频的热门程度进行评估。

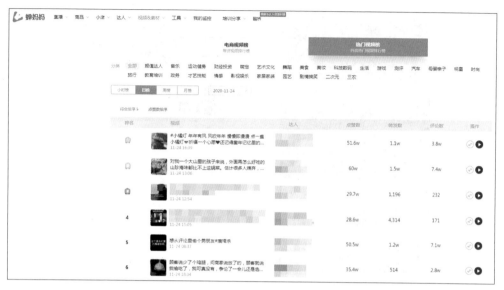

图 2-25　"热门视频榜"中的"日榜"页面

▶ 016　魔法道具数据

　　许多短视频平台中都会不定期地推出一些魔法道具，由此也不难看出平台对于魔法道具的重视。而许多用户在看到新推出的魔法道具之后，也会利用其打造短视频内容。甚至还有部分用户会直接将使用魔法道具的过程拍摄成视频，并发布到短视频平台中。

　　当然，不同的魔法道具起的效果不同，能给短视频带来的流量也不尽相同。如果运营者只是试用魔法道具，那么只需随机进行选择即可。但是，如果运营者想借助魔法道具获得更多的流量，那么就应该在使用魔法道具之前，先对魔法道具的相关数据进行分析，然后选择热门的魔法道具拍摄短视频。

　　虽然魔法道具在许多短视频中只是起辅助作用，有时候显得可有可无，但是如果魔法道具用得好，也能为短视频内容增光添彩。因此，部分短视频数据平台会为用户整理魔法道具的相关榜单。

　　例如，在新抖平台的"魔法道具"页面中，运营者便可以按照一定的条件对魔法道具进行排名。如图 2-26、图 2-27 所示，分别为按照"使用人数"和"集均获赞"（即使用该魔法道具的短视频的平均点赞数）进行的魔法道具排序。

　　运营者可以结合这两个排序快速地分析出受用户欢迎的魔法道具。具体来说，如果某个魔法道具的使用人数和集均获赞数据都比较高，那么就说明该魔法道具是比较受用户欢迎的。

图2-26　按照"使用人数"对魔法道具进行排序

图2-27　按照"集均获赞"对魔法道具进行排序

第 3 章

账号数据：
了解整体的运营情况

许多短视频运营者想要客观地分析账号的运营情况，却不知道如何下手。其实，运营者只需对账号的相关数据进行分析，便可直观地了解账号的整体运营情况。这一章就来介绍账号数据分析中要重点把握的数据以及这些数据的分析方法。

▶ 017 账号排行情况

在分析一个账号时，运营者可以先分析该账号的排名情况，并据此判断账号的运营情况和发展潜力。许多短视频数据分析平台都会对账号的排名情况进行展示，运营者只需搜索账号进行查看即可。

例如，运营者可以在飞瓜数据的"播主搜索"页面中输入账号名称，单击"搜索"按钮，即可显示要搜索的播主账号，单击对应账号后方的"查看详情"按钮，如图 3-1 所示。

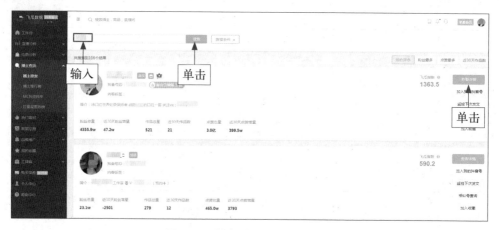

图 3-1　单击"查看详情"按钮

操作完成后，便可在新出现的页面中查看该账号的行业排行和昨日、近一周排名打败的播主比例，如图 3-2 所示。

图 3-2　查看账号的行业排行和昨日、近一周排名打败的播主比例

除了图3-2所示的几种账号排名之外，运营者还可以借助其他的数据分析平台，查看账号的更多排名情况。

例如，运营者可以在抖查查的"达人搜索"页面中输入账号名称，单击 🔍 图标；单击搜索结果中对应账号所在的区域，如图3-3所示。

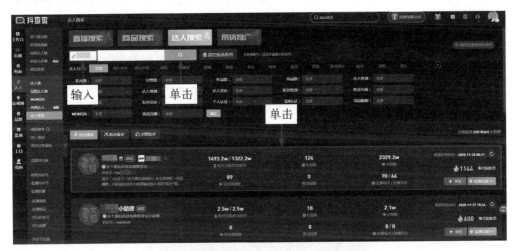

图3-3 单击搜索结果中对应账号所在的区域

操作完成后，进入"人物详情"页面。运营者可以在该页面中查看账号的"直播带货达人榜日榜"排名、"涨粉榜周榜"排名和"电商达人榜周榜"排名等，如图3-4所示。

图3-4 查看"人物详情"页面中的账号相关排名

当然，大多数短视频平台的账号数据页面中只会展示排名靠前的排行情况，因此，如果运营者搜索某个账号时看不到相关的排行，那么就说明该账号很可能没有进入排行榜的前列。

▶ 018 账号数据概况

　　账号数据概况是了解账号当前运营情况的重要依据之一，所以运营者在进行账号数据分析时，很有必要查看账号的数据概况。那么，运营者要如何查看账号的数据概况呢？

　　通常来说，运营者可以直接在短视频账号的主页中查看账号的数据概况。如图3-5所示，为某抖音号的主页，可以看到该页面中对账号的"获赞""关注""粉丝""作品""动态"和"喜欢"等数据进行了展示。

图 3-5　某抖音号的主页

　　除了短视频账号主页之外，在大多数数据分析平台中也可以查看短视频账号的数据概况。例如，运营者在抖查查平台的"人物详情"页面中，便可以看到"基本数据"板块。运营者可以在该板块中查看短视频账号的"粉丝总数""抖音粉丝""点赞总数""账号指数""赞粉比""平均点赞""作品数""评论总数"和"分享总数"等数据，如图3-6所示。

图 3-6　查看账号的"基本数据"

看到数据概况之后，运营者便可以快速把握账号的整体运营情况。另外，除了查看一个账号的数据之外，运营者还可以对几个账号的数据概况进行对比。例如，运营者可以将自己运营的账号的数据概况与他人运营的账号的数据概况进行对比，分析自身的优势和不足。

▶ 019 账号新增数据

账号新增数据就是账号近期增加的数据。因为大部分短视频平台不会直接展示账号的新增数据，所以如果运营者想要查看账号的新增数据，还得用好数据分析平台的分析功能。

例如，运营者可以在飞瓜数据平台中搜索短视频账号，并在"数据概览"页面的"数据概览"板块中查看账号的"最新作品数""粉丝增量""新增点赞""新增评论""新增转发"和"新增直播"等新增数据。

另外，"数据概览"板块中会选择性地呈现"近7天""30天"和"90天"的新增数据。运营者可以根据自身需求选择对应时间段的新增数据。如图3-7、图3-8所示，分别为某短视频账号的"近7天"和"30天"的新增数据。

图 3-7　某短视频账号的"近7天"新增数据

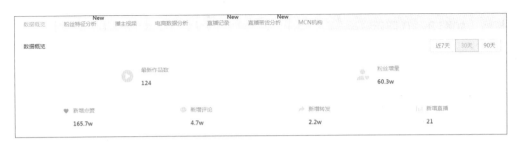

图 3-8　某短视频账号的"30天"新增数据

运营者可以以一周为单位，分析账号的新增数据，看看哪一周的新增数据比较多，并对这一周发布的内容进行分析，从而更好地判断出用户感兴趣的内容。

▶ 020　**粉丝量变化趋势**

　　粉丝量的变化是判断短视频账号运营情况的直观依据。通常来说，账号的粉丝量增多，说明运营者发布的内容能够吸引更多的用户关注账号；反之，就说明运营者发布的内容可能让一部分用户产生了反感情绪。许多数据分析平台都会展示短视频账号的粉丝变化情况，运营者只需进行查看即可。

　　例如，运营者可以在飞瓜数据平台中搜索短视频账号，并在"数据概览"页面中查看"粉丝趋势"板块。该板块中会选择性地呈现短视频账号某一段时间内的粉丝增量或总量。

　　如图 3-9 所示，为某短视频账号的"近 7 天"粉丝"增量"趋势图。从该图中不难看出，这个账号在这 7 天内的粉丝"增量"变化是比较剧烈的。其中，（2020年）11 月 22 日该账号的粉丝增加了 1.6W 左右，（2020 年）11 月 24 日该账号的粉丝增加了 -4K 左右（即粉丝减少了 4000 左右）。

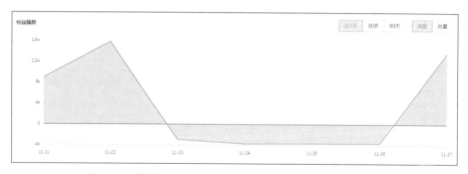

图 3-9　某短视频账号的"近 7 天"粉丝"增量"趋势图

　　有的运营者可能会觉得图中没有显示具体的数值，这样看起来不够直观。其实，运营者只需将鼠标停留在具体日期正上方的趋势线上，图中便会显示该日的粉丝增长数，如图 3-10 所示。

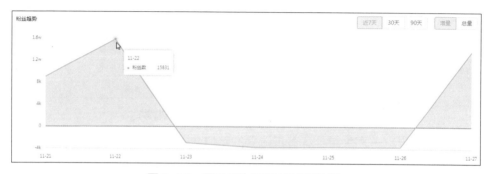

图 3-10　显示具体日期的粉丝增长数

如果运营者要查看短视频账号的粉丝总量变化情况，只需单击"粉丝趋势"板块中的"总量"按钮，便可查看粉丝总量变化趋势图。如图 3-11 所示，为某短视频账号的"近 7 天"粉丝"总量"趋势图。

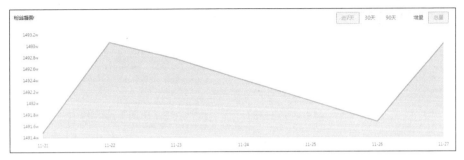

图 3-11　某短视频账号的"近 7 天"粉丝"总量"趋势图

▶ 021　点赞量变化趋势

如果用户喜欢短视频的内容，或者认同短视频中的观点，可能就会对短视频进行点赞。在分析短视频数据的过程中，运营者不仅可以查看某个短视频的点赞量，还可以查看短视频账号的点赞量及其变化情况。

例如，运营者可以在飞瓜数据平台中搜索短视频账号，并在"数据概览"页面的"点赞趋势"板块中查看账号的点赞"增量"和"总量"的变化情况。

如图 3-12 所示，为某短视频账号的"近 7 天"点赞"增量"趋势图，从该图中不难看出该短视频账号在这 7 天的前 3 天中点赞"增量"比较多，后 4 天的点赞"增量"则明显变少了。

如图 3-13 所示，为某短视频账号的"近 7 天"点赞"总量"趋势图，从该图中可以看出这 7 天内该短视频账号的粉丝量不断增多，但是后面 4 天的粉丝增长速度却明显放缓了。

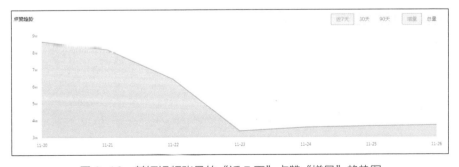

图 3-12　某短视频账号的"近 7 天"点赞"增量"趋势图

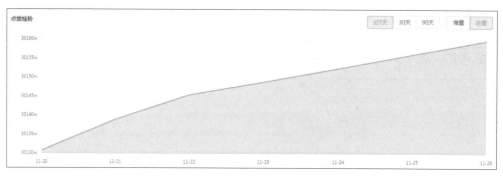

图 3-13　某短视频账号的"近 7 天"点赞"总量"趋势图

▶ 022　评论量变化趋势

如果用户看完短视频之后有话想说，就会对短视频进行评论。通常来说，一条短视频的评论量越多，就说明该短视频的用户参与度和短视频的热度越高。而对于一个短视频账号来说，评论量越多就表示账号越受用户的欢迎，近期评论量增加得越多，就表示近期发布的内容越受用户的欢迎。

那么，运营者要如何查看账号的评论量变化趋势呢？其实，许多短视频数据分析平台中都会对账号的评论量情况进行统计，运营者直接查看这些平台的统计数据就可以了。

例如，运营者可以在飞瓜数据平台中搜索短视频账号，并在"数据概览"页面的"评论趋势"板块中查看账号的评论"增量"和"总量"的变化情况。

如图 3-14 所示，为某短视频账号的"近 7 天"评论"增量"趋势图，从该图中不难看出这 7 天中该短视频账号除了（2020 年）11 月 22 日之外，其他 6 天的评论量增长都为负，也就是说，这 6 天的评论量与前一天相比都在减少。

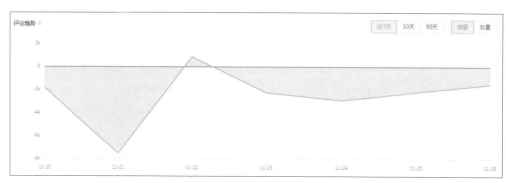

图 3-14　某短视频账号的"近 7 天"评论"增量"趋势图

如图 3-15 所示，为某短视频账号的"近 7 天"评论"总量"趋势图，从该图中不难看出这 7 天中该短视频账号的评论量都为正，也就是说，该账号每天都会新增评论，而且新增的评论量都超过了 23W。

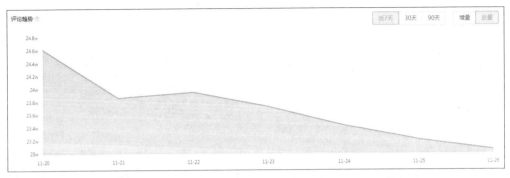

图 3-15　某短视频账号的"近 7 天"评论"总量"趋势图

另外，在"评论趋势"板块下方，运营者还可以查看账号的"评论词云"。"评论词云"会根据账号中关键词出现的频率对关键词进行展示，评论中关键词出现的频率越高，该关键词在"评论词云"中的字号就会越大。如图 3-16 所示，为某短视频账号的"评论词云"。

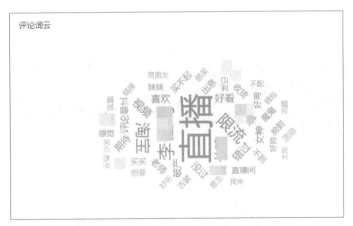

图 3-16　某短视频账号的"评论词云"

▶ 023　分享量变化趋势

如果用户觉得短视频账号中的内容有价值，就会将短视频内容分享给自己的好友。因此，运营者可以根据账号内容的分享量来判断内容对用户的价值。

部分短视频数据分析平台中专门对账号的分享数据进行了展示，运营者可以自行查看。

例如，运营者可以在抖查查平台中搜索短视频账号，并在"达人分析"页面的"分享趋势"板块中查看账号的评论"增量"和"总量"的变化情况。如图 3-17 所示，为某短视频账号的"分享趋势"图。

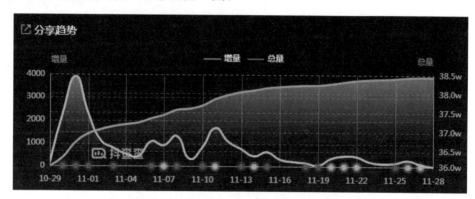

图 3-17 某短视频账号的"分享趋势"图

另外，如果运营者将鼠标停留在某日期正上方的趋势线上，还可以查看该日的账号分享"增量"和"总量"，以及账号"直播场次"和"新发视频"等数值，如图 3-18 所示。

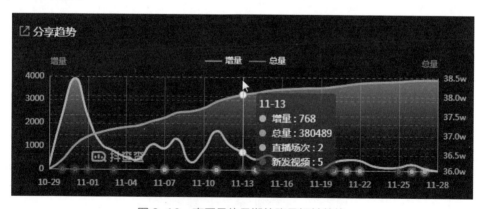

图 3-18 查看具体日期的账号相关数值

▶ 024 账号视频数据

许多短视频账号都是通过发布视频来积累粉丝和进行营销推广的，对于这部分账号的运营者来说，账号视频的数据分析就显得尤为重要了。

许多短视频数据平台对账号视频的相关数据进行了统计和展示，下面笔者就以飞瓜数据平台为例进行说明。

运营者可以在飞瓜数据平台中搜索短视频账号，并在"播主视频"页面的"数据概览"板块中查看账号的"作品数"和账号视频的"平均点赞""平均评论"和"平均分享"等数据。如图 3-19 所示，为某短视频账号的视频"数据概览"。

图 3-19　某短视频账号的视频"数据概览"

"播主视频"页面的"数据概览"板块下方是"视频作品"板块，运营者可以在该板块中查看某段时间内发布的视频的点赞量、评论量和转发量等数据，如图 3-20 所示。

图 3-20　"视频作品"板块

另外，运营者还可以在"数据概览"页面的"近 10 个作品表现"板块中查看该账号近期发布的 10 个视频的"点赞量"和"评论量"的变化情况，如图 3-21 所示。

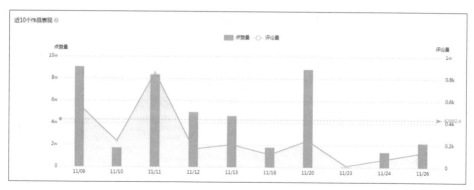

图 3-21　账号近期发布的 10 个视频的"点赞量"和"评论量"的变化情况

▶ 025　账号商业数据

许多运营者之所以花费大量的时间和精力运营短视频账号，就是希望能借此获得一定的收益。对此，运营者可以对账号的商业数据进行分析，评估账号的商业价值。

例如，运营者可以在飞瓜数据平台中搜索短视频账号，并在"电商数据分析"页面中查看该账号的相关商业数据。具体来说，运营者可以在"电商数据分析"页面中查看两部分内容，一是"商品分析"，二是"合作店铺"。

"商品分析"部分分为两个板块的内容，一是"上榜趋势图"，二是"商品列表"。在"上榜趋势图"板块中，运营者可以查看短视频账号在一段时间内的上榜情况。如图 3-22 所示，为某短视频账号的"上榜趋势图"。

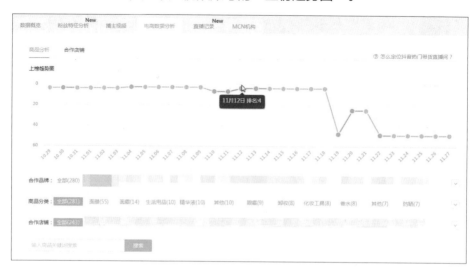

图 3-22　某短视频账号的"上榜趋势图"

"商品列表"板块中可以查看两方面的数据，一是"橱窗商品"的数据，二是"直播商品"的数据。如图3-23所示，为某短视频账号的"橱窗商品"页面，运营者可以从该页面中查看橱窗中各商品的"播主关联视频数""抖音访客量总量"和"全网销量总量"等数据。

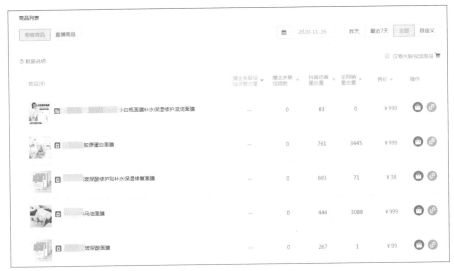

图3-23　某短视频账号的"橱窗商品"页面

如图3-24所示，为某短视频账号的"直播商品"页面，运营者可以从该页面中查看直播中各商品的"播主关联直播场次""直播销量（预估）"和"直播销售额（预估）"等数据。

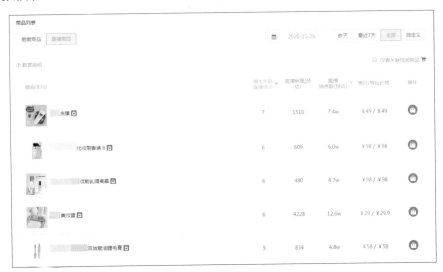

图3-24　某短视频账号的"直播商品"页面

在"电商数据分析"页面的"合作店铺"板块中，则可以查看短视频账号"近7天"和"近15天"合作的店铺的相关数据。如图3-25所示，为某短视频账号"近7天"的"合作店铺"页面，运营者可以在该页面中查看合作店铺的"推广店铺商品数""关联视频数"和"关联直播数"等数据。

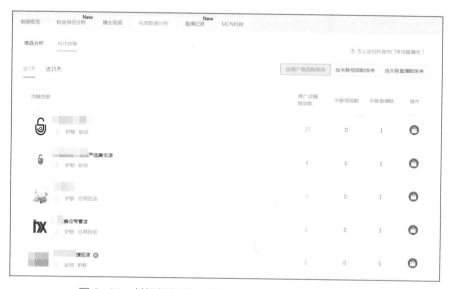

图3-25　某短视频账号"近7天"的"合作店铺"页面

第4章

视频数据：
为爆款打造提供依据

在进行短视频运营的过程中，运营者要想准确判断和了解运营的效果，并在此基础上打造爆款内容，就需要依靠数据进行分析。

基于这一点，这一章就来对重要的视频数据进行分析，让大家更好地找到打造爆款视频的依据。

026 展现量

展现量，简单地说就是短视频内容（通常是短视频封面）出现在用户眼前的数量。如图 4-1 所示，为某头条号部分小视频（即短视频）的展现量。

图 4-1　某头条号部分短视频的展现量

图 4-1 中显示的短视频的展示量，实际上是短视频的展示总量。其实，除了展示总量之外，运营者还可以查看短视频在某段时间内展示量的变化情况。例如，在头条号后台中，运营者可以单击"单篇"板块中某条短视频后方的"查看详情"按钮，如图 4-2 所示。

整体　单篇							
文章　视频　微头条　问答　小视频						每日 14:00 前更新前一日数据	
作品	展现量	播放量	点击率⑦	播放时长	点赞量	评论量	操作
360全景视频，第一种：水平巡游式视频，… 2020-05-15 10:50	6,452	120	1.9%	00:13	6	1	查看详情
360全景视频，第二种：切换巡游式视频，… 2020-05-15 10:47	6,516	108	1.7%	00:10	8	0	查看详情
360全景视频，第三种：水晶球式切换视频… 2020-05-15 10:45	5,816	64	1.1%	00:10	5	0	查看详情
360全景视频，第四种：缩+放式视频视频… 2020-05-15 10:43	5,913	86	1.5%	00:15	3	0	查看详情
第一个：白天正常视频，慢生活，桔园立交桥 2020-05-15 10:39	5,249	53	1.0%	00:11	3	0	查看详情
第二个：白天延时视频，快节奏，桔园立交桥 2020-05-15 10:39	5,153	97	1.9%	00:11	3	1	查看详情
第三个：白天正常视频，前抬式，拍摄得更… 2020-05-15 10:38	4,020	60	1.5%	00:28	3	0	查看详情

单击

图 4-2　单击"查看详情"按钮

操作完成后即可进入短视频数据详情页面，在"消费分析"板块的"流量趋势"中查看短视频在某段时间内的展现量变化趋势。有需要的运营者，甚至还可以勾选"流量趋势"中的"粉丝展现量"选项，查看该短视频某段时间内的粉丝展现量变化情况。如图 4-3 所示，为某头条号短视频 2020 年 5 月 15 日至 5 月 21 日"展现量"和"粉丝展现量"变化趋势图。

图 4-3　某头条号短视频 2020 年 5 月 15 日至 5 月 21 日"展现量"
和"粉丝展现量"变化趋势图

通常来说，展现量由两部分组成：一是平台推荐量，也就是平台向用户推荐短视频的数量；二是用户搜索量，也就是当用户搜索关键词时，短视频内容作为搜索结果出现的次数。

平台推荐量是一个非常重要的数据，能在很大程度上影响短视频的播放量。当然，推荐量这一数据与短视频账号的权重以及短视频的质量紧密关联：账号权重高、短视频质量好，短视频的推荐量就多；账号权重低、短视频质量差，短视频的推荐量就少。因此，运营者要想提高短视频的平台推荐量，就要重点提高短视频账号的权重和短视频自身的质量。

通常来说，当短视频账号和标题中包含用户搜索的关键词时，短视频出现在用户眼前的概率相对来说会高一些。

例如，用户在快手中搜索"手机摄影"时，便可以看到"用户"和"作品"这两个板块的内容，如图 4-4 所示。"用户"板块中会出现一个账号名称包含"手机摄影"这个关键词的快手号。

而当用户点击"用户"后方的"更多"按钮时，则可进入"用户"搜索页面，查看与关键词相关的快手号，如图 4-5 所示。此时，我们可以看到除了发过与关键词相关作品的快手号之外，页面中出现的其他快手号名称中也都包含了"手机摄影"这个关键词。

图4-4　快手中搜索"手机摄影"的结果　　图4-5　"用户"搜索页面中的搜索结果

　　另外，点击搜索结果中"作品"板块的短视频，进入短视频播放页面之后，用户也会发现这些短视频的标题（包括短视频中添加的话题）都包含了"手机摄影"这个关键词，如图4-6所示。

图4-6　短视频的标题包含了搜索的关键词

　　因此，如果运营者要想让自己的短视频被更多的用户搜索到，就需要在账号名称和短视频标题上多下工夫，具体来说，就是在账号名称和短视频标题中添加用户搜索频率高的关键词。

027 播放量

　　播放量（部分平台中用的是"观看量"，意思是一样的）是指短视频上传至平台之后，被播放的次数。通常来说，运营者可以在账号主页或者短视频平台的后台中直接查看短视频的播放量。如图4-7所示，为某西瓜视频账号中部分小视频（即短视频）的播放量。

图4-7　某西瓜视频账号中部分小视频的播放量

　　除了短视频的播放量之外，运营者还可以查看某时间段内播放量的变化情况。以头条号为例，运营者可以在"消费分析"板块的"流量趋势"中勾选并查看短视频播放量和粉丝播放量的变化情况。如图4-8所示，为某头条号短视频2020年5月15日至5月21日的播放量和粉丝播放量变化趋势图。

　　短视频的播放量与展现量直接相关，通常来说，一个短视频获得的展现量越多，那么该短视频的播放量也越多。这一点很好理解，毕竟只有当短视频展现在用户眼前时，用户才会决定要不要播放该短视频。如果短视频没有展现在用户眼前，也就是用户没有看到该短视频，那么用户自然不会点击播放了。

　　具体来说，运营者可以通过如下公式，利用展现量来计算播放量。

$$播放量 = 展现量 \times 点击率$$

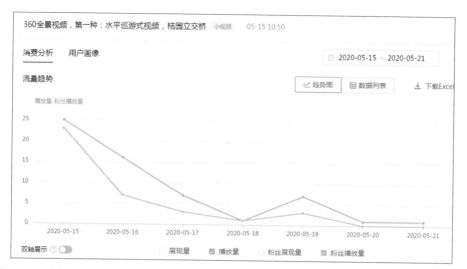

图4-8　某头条号短视频2020年5月15日至5月21日的播放量和粉丝播放量变化趋势图

当然，要通过该公式计算播放量，首先还得知道短视频的点击率。短视频的点击率在许多短视频平台的后台和短视频数据分析平台中都是可以直接查看的。以头条号为例，在"单篇"页面中，便可以查看各短视频的点击率。如图4-9所示，为某头条号部分短视频的点击率。

作品	展现量	播放量	点击率
一张照片变视频，最适合全景照片，横幅变… 2020-08-17 21:54	9,787	438	4.5%
湖南宁乡神仙岭风车站，蓝天白云，心旷神怡 2020-05-31 09:54	6,841	118	1.7%
星轨延时视频，浏阳大围山星空 2020-05-22 00:33	7,706	138	1.8%
长沙的夜晚，秀峰立交桥，红尘滚滚一场梦 2020-05-17 18:14	6,776	112	1.7%
360全景视频，第一种：水平巡游式视频，… 2020-05-15 10:50	6,459	120	1.9%

整体　单篇

文章　视频　微头条　问答　小视频

共25条内容

图4-9　某头条号部分短视频的点击率

正是因为播放量和展现量、点击率直接相关，所以如果运营者要想提高短视频的播放量，就要尽可能地提高短视频的展现量和点击率。提高短视频的播放量，前面一节已经进行了具体的介绍，这里不再赘述。而要提高短视频的点击率，关键就在于让短视频内容，特别是短视频的封面更能激发用户点击观看短视频的欲望。因此，运营者需要做的就是在短视频封面中增加一些用户感兴趣的信息。

▶ 028　点赞量

　　点赞数可以说是评估短视频内容的重要数据之一。在许多短视频平台中，短视频的播放页面中会直接显示该短视频的点赞量。如图4-10所示，为抖音和快手的短视频播放页面，可以看到，页面中便直接显示了短视频的点赞量。

图4-10　抖音和快手短视频播放页面中直接显示点赞量

　　在部分短视频平台的后台中，运营者还可以查看对应短视频的点赞量变化情况。以头条号为例，运营者可以在"消费分析"板块的"互动分析"中勾选并查看短视频点赞量的变化情况。如图4-11所示为某头条号短视频2020年5月15日至5月21日的点赞量变化趋势图。

　　对用户来说，只要短视频内容中存在认可的点，用户就有可能为短视频点赞。例如，用户会因为短视频中所包含的正能量而点赞，也会因为其中所表露出来的某种情怀而点赞，还会因为短视频中展现的出色技能而点赞，更有可能会因为短视频中漂亮的小哥哥、小姐姐而点赞……

　　对此，运营者可以通过对已发布的短视频的点赞量进行对比，分析哪些内容更能获得用户的点赞。然后，在短视频中增加用户点赞量高的内容，让用户看到短视频之后更有点赞的欲望。

　　除此之外，运营者还可以在短视频中添加一些引导用户点赞的信息，让用户看到这些信息之后，情不自禁地想要点赞。比如，可以在短视频标题中加入"喜欢的点个赞"之类的文字信息。如果用户看到你的短视频内容中确实有值得称赞的地方，你在短视频标题中又进行了引导。那么，用户在看到引导信息之后，自然愿意为你的短视频点赞。

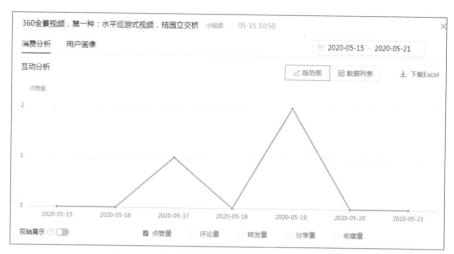

图 4-11　某头条号短视频 2020 年 5 月 15 日至 5 月 21 日的点赞量变化趋势图

如图 4-12 所示，为部分短视频的播放页面，可以看到，这些短视频的标题中都添加了"喜欢的点个赞"或"喜欢的点赞"字样，而且短视频内容本身又有一定的独特性。所以许多看到这些短视频的用户很自然地就对短视频进行了点赞。

图 4-12　通过短视频标题引导用户点赞

▶ 029 | 评论量

评论量就是用户对短视频进行评论的次数。在许多短视频平台的短视频播放页面中，都会直接显示该短视频的评论量。如图4-13所示，为部分抖音短视频的播放页面，可以看到，该页面中便会直接显示短视频的评论量。

图4-13　抖音短视频播放页面中直接显示评论量

和点赞量相同，部分平台中评论量的变化趋势也是可以查看的。以头条号为例，运营者可以在"消费分析"板块的"互动分析"中勾选并查看短视频评论量的变化情况。如图4-14所示，为某头条号短视频2020年11月7日至11月12日的评论量变化趋势。

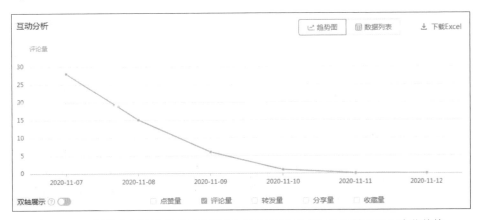

图4-14　某头条号短视频2020年11月7日至11月12日的评论量变化趋势

通常来说，一条短视频获得的评论量越多，就越有可能成为爆款短视频。所以，许多运营者都在想各种办法提高短视频的评论量。在笔者看来，提高短视频评论量的关键就在于刺激用户的表达率，让用户忍不住想要进行评论。

基于这一点，运营者可以重点做好两方面的工作：一是尽量打造具有话题性的内容，让用户看完你的短视频之后有话可说；二是通过一定的方法引导用户评论。例如，可以通过提问的方式，让用户通过评论做出回答。

如图 4-15 所示，为部分抖音短视频的播放页面，可以看到，这些短视频中便是通过在标题中进行提问的方式，来引导用户进行评论的。而结果便是，这些短视频借助提问引导，都获得了较多的评论量。

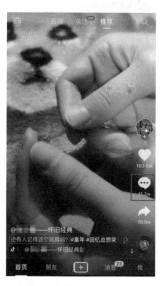

图 4-15　通过提问引导用户评论

▶ 030　转发量

转发量就是用户看到短视频之后，转发给他人的数量。部分短视频平台的短视频播放页面中，会清楚地呈现短视频的转发量。如图 4-16 所示，为部分抖音短视频的播放页面，可以看到，其中赫然显示了短视频的转发量。

部分短视频的转发量变化趋势在平台后台和短视频数据分析平台中也是可以直接查看的。以头条号为例，运营者可以在"消费分析"板块的"互动分析"中勾选并查看短视频转发量的变化情况。如图 4-17 所示，为某头条号短视频 2020 年 11 月 7 日至 11 月 12 日的转发量变化趋势。

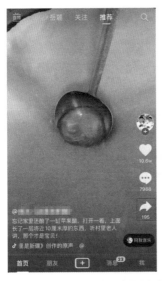

图 4-16 抖音短视频播放页面中直接显示转发量

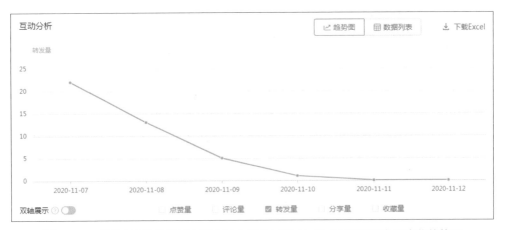

图 4-17 某头条号短视频 2020 年 11 月 7 日至 11 月 12 日的转发量变化趋势图

转发量表示的是有多少用户在观看了视频之后，觉得它值得分享给别人。一般来说，用户把观看过的短视频转发给别人，主要基于两种心理，如图 4-18 所示。

用户转发观看过的
短视频的心理动机

认为短视频内容有可能是别人也需要的

认为短视频内容能体现自己所坚持的观点和理念

图 4-18 用户转发观看过的短视频的心理动机分析

用户更多的是基于短视频内容价值的普适性而产生转发行为的。从这一点出发，运营者想要提高转发量，就应该从 3 个方面着手打造短视频内容，提升内容价值，如图 4-19 所示。

提升转发量的短视频内容打造
- 打造幽默、搞笑类内容，帮助大家缓解压力
- 打造能吸引用户好奇心的内容，最好是新鲜事物
- 在短视频内容中彰显自己的观点和立场，并且在表达上要旗帜鲜明，激发有相同价值观的用户转发

图 4-19　提升转发量的短视频内容打造

▶ 031　收藏量

收藏量即用户观看短视频之后，将其进行收藏的数量。和展现量、播放量、点赞量和转发量相比，收藏的数值通常要小一些。而且有收藏短视频习惯的用户也不是很多。所以，有的短视频的收藏量不是很大，但也能成为热门。

正因如此，大多数视频平台的后台和数据分析平台中都没有将短视频的收藏量列出来。还有部分平台虽然没有计算收藏量，但是却对收藏量的变化情况进行了统计。以头条号为例，运营者可以在短视频数据详情中"消费分析"板块的"互动分析"部分查看收藏量的变化趋势。如图 4-20 所示，为某头条号短视频 2020 年 11 月 7 日至 11 月 12 日的收藏量变化趋势。

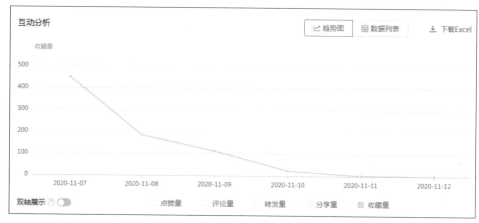

图 4-20　某头条号短视频 2020 年 11 月 7 日至 11 月 12 日的收藏量变化趋势

虽然部分平台对收藏量的分析不太重视，但是在笔者看来，收藏量却是能反映

短视频热度的一个重要依据。一条短视频如果能够获得较高的收藏量，那么其成为爆款的可能性就会比较大。

收藏量表示的是用户在观看了视频之后，有多少用户想要将视频内容进行收藏，以备后续观看。这一数据代表了用户对内容价值的肯定。

试问，如果用户觉得视频内容没有价值，那他（她）还会耗费手机终端有限的内存来收藏一个毫无价值和意义的视频吗？答案当然是否定的。可见，只有当视频内容对用户来说有价值，他们才会毫不犹豫地选择收藏。

对运营者来说，如果要想提高收藏量，首先就要提升视频内容的推荐量和播放量，并确保短视频内容有实用价值。只有高的推荐量和播放量，才能在大的用户基数上实现收藏量的大提升；只有视频内容有实用价值，如能提升用户自身技能、能用在生活中的某一方面等，才能让用户愿意收藏。

▶ 032　播放完成率

播放完成率（有的平台称为"平均播放完成率"），简称完播率，是指完整播放短视频的比例。例如，某短视频被播放了 1000 次，其中有 900 次是播完整个短视频的，那么该短视频的播放完成率就是 900÷1000 = 90%。

短视频的播放完成率通常不会出现在短视频的播放页面中，但可以在短视频平台的后台和数据分析平台中看到该数据的统计。以头条号为例，运营者可以在短视频数据详情的"作品消费"板块中看到该短视频的播放完成率，如图 4-21 所示。

图 4-21　某头条号短视频的（平均）播放完成率

运营者要想提高短视频的播放完成率，可以重点做好以下两方面的工作。

（1）尽量控制短视频的长度，让短视频的剧情变得更加紧凑。如果短视频足够简短，那么短视频会快速被播完，而在这种情况下，其完整播放率自然就提高了。

（2）让短视频内容对用户产生强大的吸引力，让用户忍不住想要一直看下去。只要短视频中有吸引用户一直看下去的内容，许多用户就会选择看完整个短视频。

▶ 033 平均播放时长

"平均播放时长"，顾名思义，就是所有观看的用户平均观看该视频的时长。在部分短视频平台的后台和数据分析平台中，运营者是可以直接查看短视频的平均播放时长的。以头条号为例，运营者可以在短视频数据详情的"作品消费"板块中"平均播放完成率"的后方，看到该短视频的平均播放时长，如图4-22所示。

图4-22 某头条号短视频的平均播放时长

把"平均播放时长"和"平均播放完成率"放在一起来进行分析，可以帮助运营者了解用户观看该视频时的一些情况，具体内容如下。

（1）了解用户一般会在什么时间离开，离开时播放的短视频内容是什么。

（2）了解短视频内容中该时间段内有哪些内容是让用户离开的关键所在。

通过以上分析，运营者可以找到不太受用户欢迎的内容和内容呈现方式。如果运营者在以后进行短视频制作时，有针对性地进行调整，减少不太受用户欢迎的内容和内容呈现方式，那么你发布的短视频内容的平均播放时长将会有所增长，而短视频成为爆款的概率也将变得更高。

第 5 章

粉丝数据：
确定账号的用户画像

面对短视频的营销推广风口，运营者想要在竞争中获得胜利，就必须了解自己的粉丝群体的数据，进行精准分析，确定账号的用户画像，从而通过短视频的精准营销，达到更好的营销效果。

▶ 034　粉丝性别比例

因为短视频的账号定位不同、发布的内容不同，所以其吸引的用户也存在较大的差异。具体来说，有的短视频账号吸引的男性用户比较多，有的短视频吸引的女性用户比较多。对此，运营者可以对账号粉丝的性别占比进行分析，然后有针对性地为粉丝提供内容，增强粉丝的黏性。

例如，运营者可以在灰豚数据抖音版平台中搜索抖音号，并在"粉丝特征分析"页面的"粉丝画像"板块中查看该账号的粉丝性别分布情况。如图5-1所示，为某抖音号的粉丝"性别分布"图，从该图中不难看出此账号的粉丝大部分为男性，男性粉丝的占比达到了74.8%。

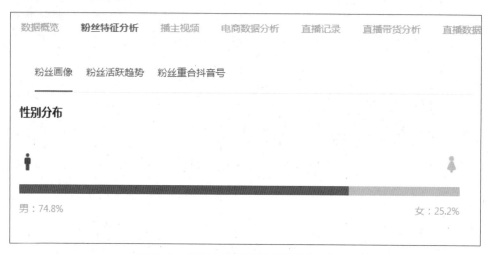

图 5-1　某抖音号的粉丝"性别分布"图

因为该账号中的粉丝以男性为主，所以运营者如果想增强粉丝的黏性，就应该多发布一些男性粉丝感兴趣的内容。当然，如果该账号的运营者想要快速增加粉丝，也可以站在女性用户的角度生产和发布内容，从而快速吸引更多的女性用户关注该账号。

▶ 035　粉丝年龄分布

不同年龄段的用户感兴趣的内容和内容的表达形式也不同。对此，运营者可以对账号中粉丝的年龄分布情况进行分析，然后在日后的内容生产过程中，多用占比较高的粉丝年龄段喜欢的内容表达形式来生产这些粉丝感兴趣的内容。

例如，运营者可以在灰豚数据抖音版平台中搜索抖音号，并在"粉丝特征分析"页面"粉丝画像"板块中查看该账号的"年龄分布"情况。如图5-2所示，为某抖音号的粉丝"年龄分布"图。

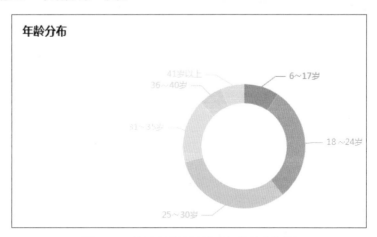

图5-2 某抖音号的粉丝"年龄分布"图

灰豚数据抖音版平台的"年龄分布"图中不会自动显示各年龄段粉丝的具体占比情况，如果运营者要想了解各年龄段粉丝的占比数据，可以将鼠标停留在对应年龄段所在的区域中，查看其具体的占比数值，如图5-3所示。

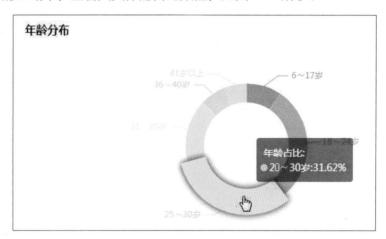

图5-3 查看对应年龄段粉丝的占比情况

从图5-2、图5-3中不难看出，该抖音号的粉丝中18～30岁的年轻群体占比相对较高。这部分人群主要包括学生、刚步入岗位不久的职场新人、工作多年深谙职场之道的职场老人和刚成为父母不久的宝妈宝爸等。

对此，该运营者可以结合这些人群的属性生产与其关联性更强的内容，让这些用户对你生产的内容更感兴趣。例如，运营者可以从学生、职场新人和新手宝妈宝爸的角度展开短视频内容，让短视频的视角更加贴近粉丝群体。

▶ 036 粉丝地域分布

不同的地域有不同的文化特质，不同地域的人群感兴趣的内容也不尽相同。运营者可以通过粉丝的地域分布了解粉丝聚焦在哪些区域，然后有针对性地在短视频内容中加入这些区域人群感兴趣的元素。

例如，运营者可以在灰豚数据抖音版平台中搜索抖音号，并在"粉丝特征分析"页面"粉丝画像"板块中查看该账号的"地域分布"情况。具体来说，运营者可以在"地域分布"中按照"省份"或"城市"查看粉丝分布的占比情况。

如图 5-4 所示，为某抖音号粉丝的"省份"分布情况，从中不难看出，该抖音号粉丝分布较多的省级（直辖市）行政区为广东、山东、江苏、河南、北京、浙江、河北、湖北、安徽和四川，其中广东省的粉丝占比达到了 12.58%。

地域分布	省份 | 城市
名称	占比
广东	12.58%
山东	8.49%
江苏	7.04%
河南	7.02%
北京	6.26%
浙江	5.56%
河北	5.03%
湖北	4.50%
安徽	3.95%
四川	3.78%

图 5-4　某抖音号粉丝的"省份"分布情况

如图 5-5 所示，为某抖音号粉丝的"城市"分布情况，从中不难看出，该抖音号粉丝分布较多的城市为北京、深圳、上海、广州、武汉、郑州、成都、重庆、苏州和西安，其中北京的粉丝占比达到了 8.93%。

对于线下有实体店的运营者来说，到店中下单的顾客还是以同城人群为主。所以对于这部分运营者来说，通过短视频账号吸引同城的用户到店铺中消费就显得尤为关键了。

基于这一点，运营者可以通过粉丝的"地域分布"情况，查看账号的同城粉丝占比情况。如果短视频账号的同城粉丝的占比比较低，那么运营者就需要通过一定的技巧获得更多同城粉丝。

地域分布	省份 | 城市
名称	占比
北京	8.93%
深圳	4.76%
上海	4.52%
广州	4.44%
武汉	3.44%
郑州	3.17%
成都	2.67%
重庆	2.67%
苏州	2.48%
西安	2.44%

图 5-5　某抖音号粉丝的"城市"分布情况

以抖音为例，运营者可以在发布短视频时点击"你在哪里"按钮，设置自己的位置，如图 5-6 所示。设置完成后，短视频中就会显示你的位置。并且用户在"同城"板块中还会看到运营者与自己的距离。

图 5-6　点击"你在哪里"按钮设置位置

例如，笔者写稿时所处的位置是长沙市岳麓区，所以在抖音"首页"的上方会显示"岳麓"，而点击"岳麓"按钮之后，便可以进入"岳麓"页面，查看该页面中发布的内容的账号运营者与笔者之间的距离，如图5-7所示。

图5-7 查看"同城"板块发布的内容

用户在"同城"中看到运营者发布的内容之后，可能会点击查看，如果运营者发布的内容对用户有吸引力，用户就会选择关注运营者的账号。这样一来，运营者的账号粉丝中，同城粉丝的比例自然也就提高了。

▶ 037 粉丝星座数据

因为人的性格和其所属的星座有一定的关系，再加上现在很多人喜欢谈论星座，所以部分数据分析平台中会将星座作为粉丝属性分析的一项内容。对此，运营者可以通过查看粉丝的星座分布情况，并为占比较高的星座提供专门内容。

例如，运营者可以在灰豚数据抖音版平台中搜索抖音号，并在"粉丝特征分析"页面的"粉丝画像"板块中查看该账号的"星座分布"情况。具体来说，运营者可以在"星座分布"中查看各星座粉丝的占比情况。

如图5-8所示，为某抖音号粉丝的"星座分布"情况，从图中不难看出，此抖音号的粉丝中摩羯座的人比较多，其占比高达22.15%。因为摩羯座的人群通常具有思维深沉、内敛实干的性格特征，所以运营者要想将属于摩羯座的粉丝留下来，可以在发布的短视频中多提供一些干货和具有思考性的内容，让粉丝能够从你的短视频中获得更高的价值。

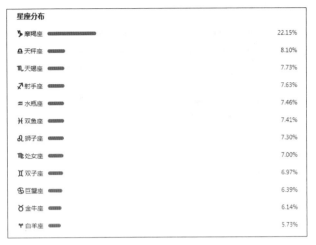

图 5-8　某抖音号粉丝的"星座分布"情况

▶ 038　粉丝兴趣分布

　　为了更好地分析粉丝感兴趣的内容，部分数据平台中特意对粉丝的兴趣分布情况进行了统计。对此，运营者可以查看粉丝兴趣分布情况，并在日后的短视频中多加入一些粉丝感兴趣的内容。

　　例如，运营者可以在飞瓜数据平台中搜索抖音号，并在"粉丝特征分析"页面的"粉丝画像"板块中查看该账号的"粉丝兴趣分布"情况。具体来说，运营者可以在"粉丝兴趣分布"中查看粉丝比较感兴趣的 11 类内容。

　　如图 5-9 所示，为某抖音号的"粉丝兴趣分布"情况，从中不难看出，该账号中粉丝比较感兴趣的内容包括美女、汽车知识、手机、王者荣耀、唱歌、篮球、厨艺、萌宠、K12、历史和动画片，其中对美女类内容感兴趣的粉丝占比更是达到了 45.57%。

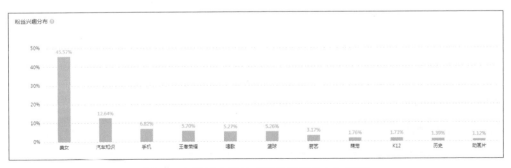

图 5-9　某抖音号的"粉丝兴趣分布"情况

对此，运营者可以在日后的短视频和直播中加入一些美女类的内容，从而更好地吸引粉丝长期关注。例如，可以在短视频和直播的标题中加入"美女"这个字眼、添加与"美女"相关的话题，并让美女在短视频中出镜。

▶ 039 视频观众数据

运营者不仅可以把短视频和直播的观众及粉丝"性别分布""年龄分布""地域分布""星座分布"和"兴趣分布"结合起来进行查看，还可以分别查看视频观众数据和直播粉丝数据。

例如，运营者可以在飞瓜数据平台中搜索抖音号，并在"粉丝特征分析"页面的"粉丝画像"板块中查看该账号的"视频观众画像"情况。具体来说，运营者可以在"视频观众画像"中查看视频观众的"性别分布""年龄分布""地域分布""星座分布"和"兴趣分布"情况。如图 5-10 所示，为某抖音号视频观众的"性别分布""年龄分布""地域分布"和"星座分布"情况。

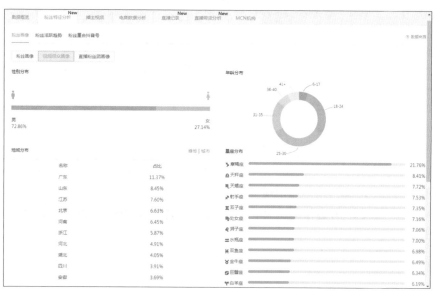

图 5-10　某抖音号视频观众的"性别分布""年龄分布""地域分布"和"星座分布"情况

▶ 040 直播粉丝数据

运营者不仅可以查看"视频观众画像"，还可以查看"直播粉丝团画像"。例如，运营者可以在飞瓜数据平台中搜索抖音号，并在"粉丝特征分析"页面的"粉丝画像"板块中查看该账号的"直播粉丝团画像"情况。

具体来说，运营者可以在"视频观众画像"中查看视频观众的"性别分布""年龄分布""地域分布"和"兴趣分布"情况。如图 5-11 所示，为某抖音号视频观众的"性别分布""年龄分布"和"地域分布"情况。

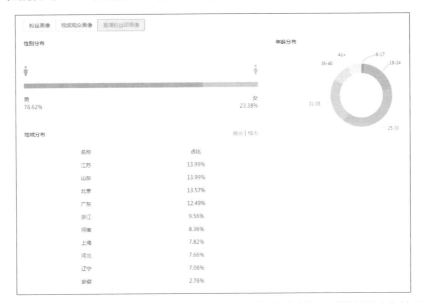

图 5-11 某抖音号直播粉丝团的"性别分布""年龄分布"和"地域分布"情况

▶ 041 粉丝活跃趋势

对于运营者来说，活跃度越高的粉丝越有价值。所以，运营者需要根据粉丝的活跃数据判断粉丝的活跃度。如果粉丝不够活跃，运营者还需要调整运营策略，积极提高粉丝的参与度。

查看粉丝活跃趋势数据的方法很简单，以飞瓜数据平台为例，运营者可以在该平台中搜索短视频账号，在"粉丝特征分析"页面中查看"粉丝活跃趋势"板块的相关信息。具体来说，运营者可以在"粉丝活跃趋势"板块中查看"粉丝活跃时间分布""性别分布趋势图"和"年龄分布趋势图"的相关信息。

在"粉丝活跃数据分布"中，运营者可以以"天"和"周"为单位，查看账号粉丝的活跃时间分布占比。如图 5-12 所示，为某抖音号的天"粉丝活跃时间分布"情况，从中不难看出，该抖音号粉丝 12 点至 23 点的活跃度比较高，其中 19 点至 21 点活跃粉丝的占比更是超过了 9%。

如图5-13所示，为某抖音号的周"粉丝活跃时间分布"情况，从中不难看出，该抖音号周三和周日的活跃粉丝比较多，具体来说，周三和周日该抖音号的活跃粉丝占比都超过了20%。

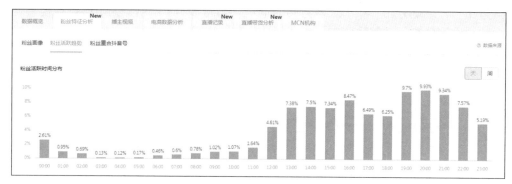

图5-12　某抖音号的天"粉丝活跃时间分布"情况

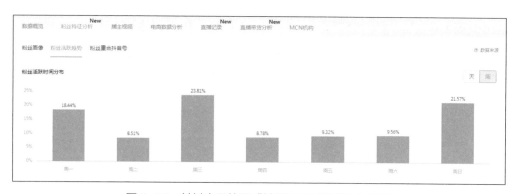

图5-13　某抖音号的周"粉丝活跃时间分布"情况

在"性别分布趋势图"中，运营者可以查看"30天"或"90天"的粉丝性别分布趋势变化情况。如图5-14所示，为某抖音号"90天"的"性别分布趋势图"，从中不难看出，虽然这90天内粉丝的男性和女性比例在不断变化，但是女性粉丝始终占据多数。

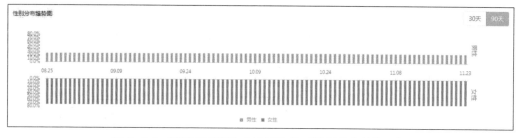

图5-14　某抖音号粉丝"90天"的"性别分布趋势图"

在"年龄分布趋势图"中，运营者可以查看"30 天"或"90 天"的粉丝年龄分布趋势变化情况。如图 5-15 所示，为某抖音号"90 天"的"年龄分布趋势图"，从中不难看出，虽然这 90 天内各年龄段粉丝的占比情况在不断变化，但是变化的幅度都不太大。

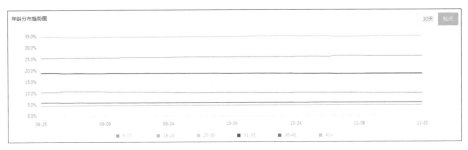

图 5-15　某抖音号粉丝"90 天"的"年龄分布趋势图"

▶ 042　粉丝重合数据

虽然每个账号的定位不同，获得的粉丝也不尽相同，但是运营者却能找到与自己运营的账号粉丝重合度比较高的其他账号。这些与运营者运营的账号粉丝重合度比较高的其他账号从一定意义上来说，就是运营者的主要竞争对手。运营者可以通过对这些账号的分析，了解其成功的运营经验，并将这些经验为自己所用，从而更好地提高自己的账号对粉丝的吸引力。

例如，运营者可以在飞瓜数据平台中搜索抖音号，并在"粉丝特征分析"页面的"粉丝画像"板块中查看该账号的"活跃粉丝重合抖音号 TOP5"情况。具体来说，运营者可以查看与运营者的抖音号粉丝重合度比较高的 5 个抖音号。如图 5-16 所示，为某抖音号的"活跃粉丝重合抖音号 TOP5"。

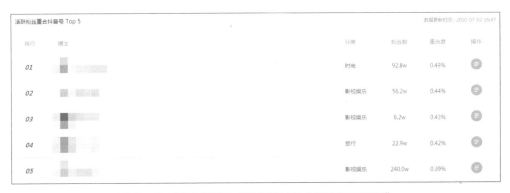

图 5-16　某抖音号的"活跃粉丝重合抖音号 TOP5"

另外，运营者还可以单击"活跃粉丝重合抖音号TOP5"中"操作"下方的 图标，查看对应账号的相关数据，并根据这些数据分析账号的运营情况，从而更好地找到运营得比较好的账号并学习其运营经验。

第6章

直播数据：
直观呈现带货的效果

许多短视频运营者和主播都是通过直播进行变现的，这部分短视频运营者和主播便可以通过数据直观地分析和评估直播的效果，从而寻找提高直播效果的方法。本章就来重点讲解各类直播数据的查看和分析方法，让大家更好地评估直播的效果。

▶ 043　直播数据概览

通常来说，直播数据概览大概分为两类，一类是直播中各类数据的概览，另一类是直播带货的数据概览。

例如，运营者可以在飞瓜数据平台中搜索短视频账号，并在"直播记录"页面的"近期直播"板块中，查看该账号的"昨天""近 7 天""近 30 天""近 60 天""近 90 天"或"近 180 天"的直播数据。

如图 6-1 所示，为某短视频账号"近 7 天"直播的"数据概览"页面，运营者可以从该页面中查看该账号的"新增直播场次""音浪增量""直播粉丝团数增量""直播商品数""直播销量（预估）"和"直播销售额（预估）"等数据。

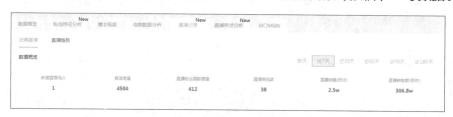

图 6-1　某短视频账号"近 7 天"直播的"数据概览"页面

除了近期直播的数据概览之外，运营者还可以在飞瓜数据平台中搜索短视频账号，并在"直播带货分析"页面的"数据概览"板块中，查看"近 7 天""近 15 天""近 30 天"或"近 60 天"的直播带货数据。

如图 6-2 所示，为某短视频账号"近 30 天"直播带货的"数据概览"页面，运营者可以从该页面中查看该账号的"直播带货场次""场均直播时长""场均人数峰值""关联商品数""场均销量"和"场均销售额"等数据。

图 6-2　某短视频账号"近 30 天"直播带货的"数据概览"页面

▶ 044　直播礼物数据

直播礼物是许多短视频主播，特别是颜值类主播的主要收益来源之一。因此，对于这部分短视频主播来说，把握好直播礼物的数据就显得尤为重要了。

在抖音短视频平台中，主播的礼物收入会用"音浪"的数值来计算。主播可以通过数据分析平台中的数据统计来查看直播的"音浪"。

例如，主播可以在抖查查平台中搜索抖音号，并在"直播分析"页面的"音浪收入趋势图"板块中，查看该账号的"音浪"收入"增量"和"总量"变化情况。如图 6-3 所示，为某抖音号的"音浪收入趋势图"。

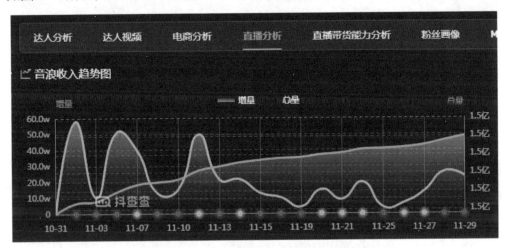

图 6-3　某抖音号的"音浪收入趋势图"

有时候抖音主播也会给他人赠送一些礼物，此时主播便可以通过查看送出的"音浪"来分析自身的支出情况。对此，主播可以在抖查查平台中搜索抖音号，并在"直播分析"页面的"送出音浪趋势图"板块中，查看该账号的"音浪"送出"增量"和"总量"变化情况。如图 6-4 所示，为某抖音号的"送出音浪趋势图"。

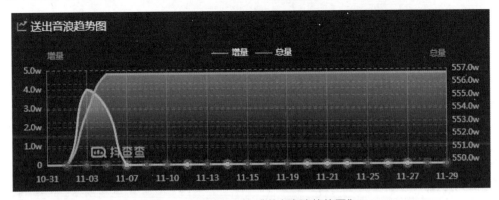

图 6-4　某抖音号的"送出音浪趋势图"

除了查看音浪数据之外，运营者还可以查看打赏人数（即送出音浪的人数）的相关数据。例如，主播可以在抖查查平台中搜索抖音号，并在"直播分析"页面的

"打赏人数趋势图"板块中，查看该账号的打赏人数"增量"和"总量"变化情况。如图 6-5 所示，为某抖音号的"打赏人数趋势图"页面。

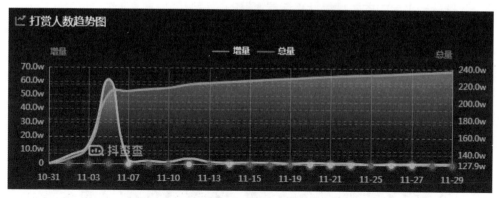

图 6-5　某抖音号的"打赏人数趋势图"页面

▶ 045　直播观众数据

通常来说，一场直播吸引的观众人数越多，该直播的影响力就越大，直播获得的收益也会越多。因此，主播还需重点对直播观众的相关数据进行分析，并寻找方法提高直播的观看量。

例如，主播可以在抖查查平台中搜索抖音号，并在"直播分析"页面的"累计观看人数趋势图"板块中，查看该账号的累计观看人数的"增量"和"总量"变化情况。如图 6-6 所示，为某抖音号的"累计观看人数趋势图"。

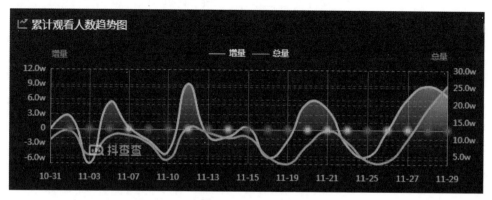

图 6-6　某抖音号的"累计观看人数趋势图"

观看直播的用户如果喜欢直播内容或主播，可能就会关注主播，从而成为主播的粉丝团成员。对此，主播可以通过查看粉丝团数据来判断直播内容和自身直播表现对用户的吸引力。

例如，主播可以在抖查查平台中搜索抖音号，并在"直播分析"页面的"粉丝团趋势图"板块中，查看该账号的粉丝团人数的"增量"和"总量"变化情况。如图6-7所示，为某抖音号的"粉丝团趋势图"。

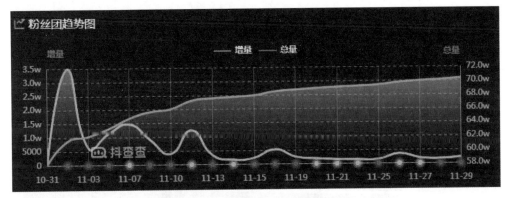

图6-7　某抖音号的"粉丝团趋势图"

除了抖查查之外，主播还可以通过其他数据平台，查看更多与直播观众相关的数据。例如，主播可以在飞瓜数据中搜索短视频账号，并在"直播带货分析"页面的"直播观众分析"板块中，查看直播观众的相关数据。

具体来说，在飞瓜数据平台的"直播观众分析"板块中，主播首先可以看到直播观众的"性别分布""年龄分布"和"地域分布"数据。如图6-8所示，为某抖音号直播观众的"性别分布""年龄分布"和"地域分布"数据。

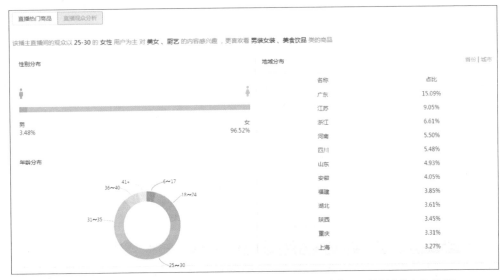

图6-8　某抖音号直播观众的"性别分布""年龄分布"和"地域分布"数据

　　"年龄分布"板块的下方是"观众兴趣分布"板块。"观众兴趣分布"板块中会对直播观众比较感兴趣的 5 类内容进行展示，并显示直播观众对这些内容的感兴趣比例。如图 6-9 所示，为某抖音号的"观众兴趣分布"页面。

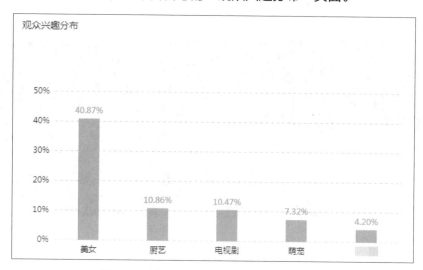

图 6-9　某抖音号的"观众兴趣分布"页面

　　"年龄分布"板块的右方是"直播观众来源"板块。"直播观众来源"板块中会对主播观众的来源占比进行展示。如图 6-10 所示，为某抖音号的"直播观众来源"页面，从图中不难看出，该抖音号的直播观众来源中"视频推荐"的占比达到了 33.67%。

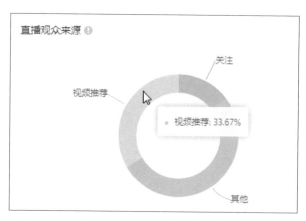

图 6-10　某抖音号的"直播观众来源"页面

　　"直播观众来源"板块的下方是"商品相关弹幕"板块。"商品相关弹幕"板块中会对与直播商品相关的 5 个常见弹幕关键词进行展示，并显示这些弹幕关键词出现的比例。如图 6-11 所示，为某抖音号的"商品相关弹幕"页面。

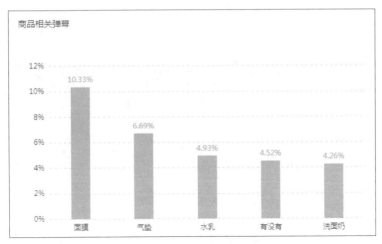

图 6-11　某抖音号的"商品相关弹幕"页面

▶ 046　直播时间数据

　　运营者在分析直播时间时，需要重点分析两部分的时间，一是直播的开播时间，二是直播的时长。其实，这两部分时间的相关数据在部分短视频数据分析平台中都是可以看到的。

　　例如，主播可以在抖查查平台中搜索抖音号，并在"直播分析"页面中查看"直播开播时间"和"直播时长分布"的数据。

　　在"直播开播时间"板块中，主播可以以"日"或"周"为周期，查看"直播开播时间"的次数。如图6-12所示，为某抖音号的日"直播开播时间"页面，主播可以在该页面中查看每个时间点的直播开播次数。

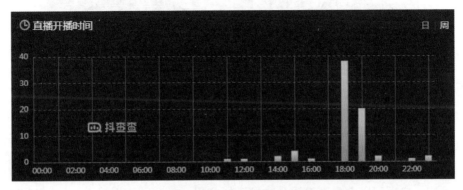

图 6-12　某抖音号的日"直播开播时间"页面

如图 6-13 所示，为某抖音号的周"直播开播时间"页面，主播可以在该页面中查看周一至周日的直播开播次数。

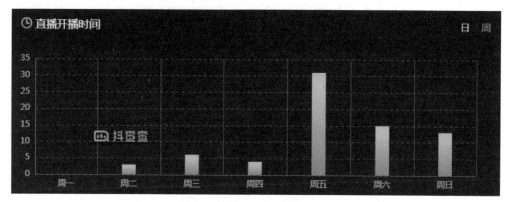

图 6-13　某抖音号的周"直播开播时间"页面

除了直播开播时间之外，主播还可以查看直播的时长分布情况。如图 6-14 所示，为某抖音号的"直播时长分布"页面，从该页面中可以看得出，这个抖音号长于 4 个小时的直播便达到了 81.94%。

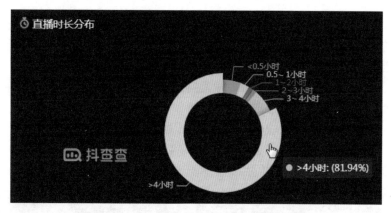

图 6-14　某抖音号的"直播时长分布"页面

▶ 047　直播带货数据

对于通过直播带货进行账号变现的主播来说，直播带货的数据无疑是非常关键的。对此，主播可以通过直播带货的相关数据，对带货的效果进行全面分析。

例如，主播可以在抖查查平台中搜索抖音号，并在"直播分析"和"直播带货能力分析"页面中查看各类直播带货数据。

具体来说，主播可以在"直播分析"页面的"直播销量趋势图"中查看直播"增量"和"总量"的变化情况。如图6-15所示，为某抖音号的"直播销量趋势图"，从该页面中不难看出，该抖音号的直播销量（2020年）10月31日至11月5日的增长速度是比较快的，而（2020年）11月5日之后的增长速度则明显放缓了。

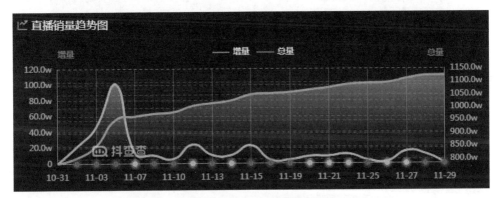

图6-15 某抖音号的"直播销量趋势图"页面

而在"直播带货能力分析"页面中，运营者则可以查看各类评估账号带货能力的数据。首先，主播可以在"带货资历"板块中，查看账号加入抖音的时间、直播带货场次、开播间隔、场均销量、场均销售额和这些数据超过的用户比例。如图6-16所示，为某抖音号的"带货资历"页面。

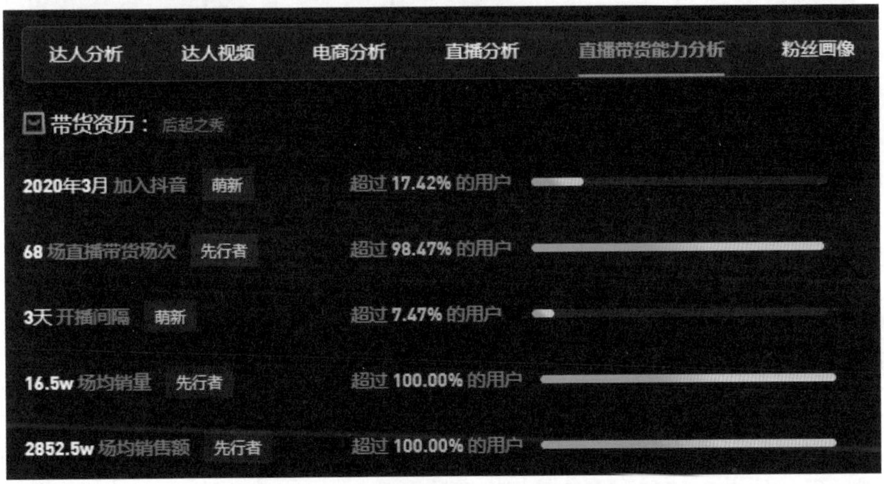

图6-16 某抖音号的"带货资历"页面

"带货资历"板块的右方是"带货场次峰值分布"板块。主播可以在"带货场次峰值分布"板块中查看抖音号直播的相关峰值。如图6-17所示，为某抖音号的"带货场次峰值分布"页面。

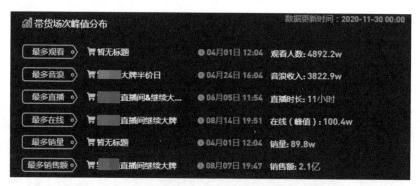

图 6-17　某抖音号的"带货场次峰值分布"页面

"带货资历"板块的下方是"带货效果对比"板块。主播可以在"带货效果对比"板块中查看抖音号第一场直播和最近一场直播的"开播时间""直播时长""粉丝数""带货商品""销量"和"销售额"的数据对比。如图 6-18 所示，为某抖音号的"带货效果对比"页面。

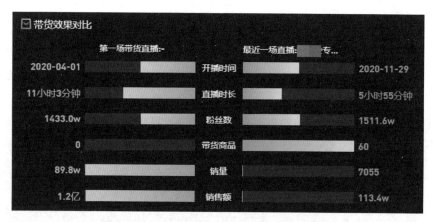

图 6-18　某抖音号的"带货效果对比"页面

▶ 048　直播品类数据

因为短视频账号的定位不同和用户的需求不同，所以不同的商品品类获得的直播带货效果往往也会存在一定的差异。因此，运营者可以通过直播品类的数据分析，判断哪些品类的商品比较受用户的欢迎，然后在接下来的直播中适当地增加这些品类的商品，从而让直播的带货收益更有保障。

例如，主播可以在抖查查平台中搜索抖音号，并在"直播带货能力分析"页面中查看直播中的"热推品类"和"热销品类"数据。

"热推品类"板块中会对关联直播场次较多的商品品类进行展示，并显示这些品类的"热推商品数"。如图6-19所示，为某抖音号的直播"热推品类"页面。

图6-19 某抖音号的直播"热推品类"页面

"热销品类"板块中会对销量较高的商品品类进行展示，并显示这些品类的"销售额"。如图6-20所示，为某抖音号的直播"热销品类"页面。

图6-20 某抖音号的直播"热销品类"页面

▶ 049 直播品牌数据

直播带货中销售商品的品牌也会对直播带货的销售量和销售额造成一定的影响。主播可以对直播的品牌数据进行分析，判断哪些品牌的商品更受用户的欢迎，并在后期带货中选择更受用户欢迎的品牌进行直播带货。

例如，主播可以在抖查查平台中搜索抖音号，并在"直播带货能力分析"页面中查看直播中的"热推品牌"和"热销品牌"数据。

"热推品牌"板块中会对关联直播场次较多的商品品牌进行展示，并显示这些品牌的"热推商品数"。如图 6-21 所示，为某抖音号的直播"热推品牌"页面。

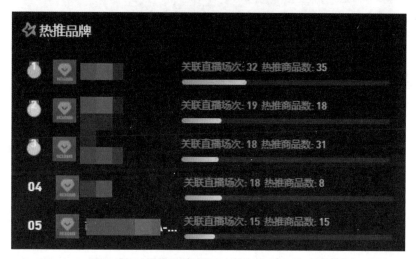

图 6-21　某抖音号的直播"热推品牌"页面

"热销品牌"板块中会对销量较高的商品品牌进行展示，并显示这些品牌的"销售额"。如图 6-22 所示，为某抖音号的直播"热销品牌"页面。

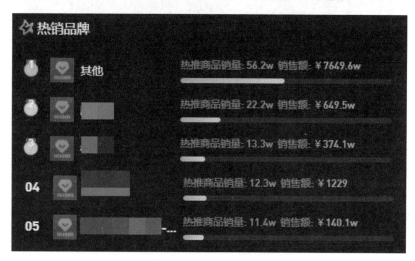

图 6-22　某抖音号的直播"热销品牌"页面

▶ 050　直播商品数据

除了品类和品牌之外，主播还可以对商品自身的直播数据进行分析和评估。例如，主播可以在抖查查平台中搜索抖音号，并在"直播带货能力分析"页面中查看直播中的"热推商品"和"热销商品"数据。

"热推商品"板块中会对关联直播场次较多的商品进行展示，并显示这些商品的"最低成交价"。如图6-23所示，为某抖音号直播的"热推商品"页面。

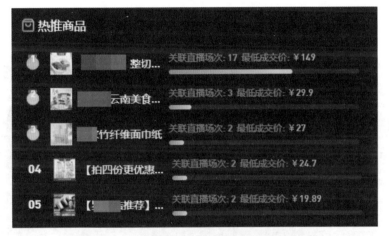

图6-23　某抖音号直播的"热推商品"页面

"热销商品"板块中会对关联直播销量较高的商品进行展示，并显示这些商品的"销售额"。如图6-24所示，为某抖音号直播的"热销商品"页面。

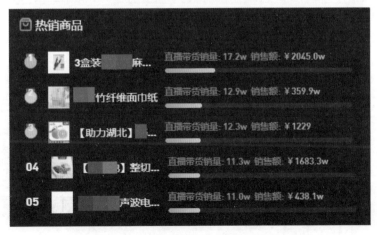

图6-24　某抖音号直播的"热销商品"页面

▶ 051 直播数据监控

　　除了直接查看账号的直播数据之外，主播还可以对将要进行的直播进行数据监控，实时掌握直播的相关数据。

　　例如，主播可以在抖查查平台的"监测直播"页面中输入账号名称；单击"搜索"按钮；在弹出的选项栏中，选择需要监测的账号；单击"开始监测"按钮，即可对该账号的直播进行监测，如图6-25所示。

图6-25　单击"开始监测"按钮

　　当监测账号直播结束之后，主播可以在"监测历史"页面中单击已完成的监测；在弹出的信息栏中，单击"直播"按钮，如图6-26所示。操作完成后，便可查看该账号直播监测的相关数据了。

图6-26　单击"直播"按钮

直播监测完成后，主播可以进入"监测直播详情"页面，查看直播的相关数据。具体来说，主播可以在靠近左侧菜单栏的位置，查看被监测直播的"人气数据"和"带货数据"。如图6-27所示，为某场直播的"人气数据"和"带货数据"详情。

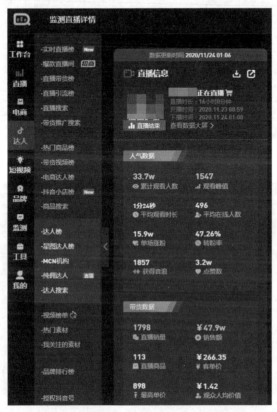

图6-27 某场直播的"人气数据"和"带货数据"详情

除了"人气数据"和"带货数据"之外，运营者还可以在"监测直播详情"页面中查看"直播分析""商品分析"和"观众分析"这3个部分的数据。

主播可以在"直播分析"板块中查看直播的"累计观看趋势""获得音浪趋势""直播间点赞趋势""打赏人数趋势""直播涨粉趋势"和"粉丝团趋势"的"增量"和"总量"变化趋势。如图6-28所示，为某场直播的"累计观看趋势"页面。

另外，主播还可以在"直播分析"板块中查看直播的"弹幕热词"数据。"弹幕热词"页面中会展示直播中的弹幕热词，并显示弹幕热词在直播中出现的比例。如图6-29所示，为某场直播的"弹幕热词"页面。

在"商品分析"板块中，主播可以查看"直播销量趋势""直播销售额趋势"和"购买人数趋势"的"增量"和"总量"变化情况。如图6-30所示，为某场直播的"直播销量趋势"和"直播销售额趋势"页面。

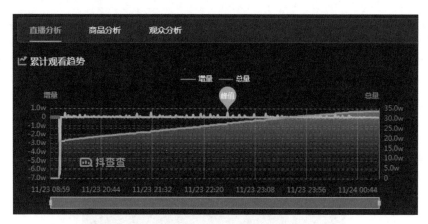

图6-28　某场直播的"累计观看趋势"页面

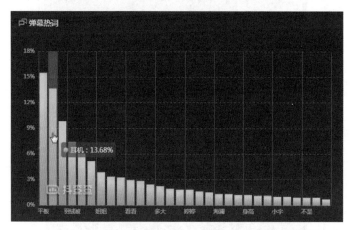

图6-29　某场直播的"弹幕热词"页面

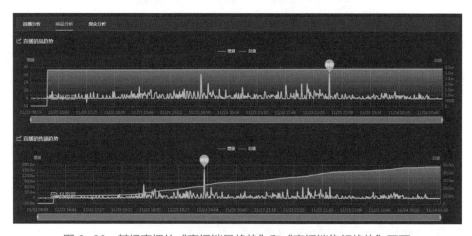

图6-30　某场直播的"直播销量趋势"和"直播销售额趋势"页面

除此之外，主播还可以在"商品分析"板块中查看直播的"商品来源分析""商品分类分布 TOP10""商品品牌分布 TOP10"和"商品讲解"的相关数据。如图 6-31 所示，为某场直播的"商品来源分析"和"商品分类分布 TOP10"页面。

图 6-31　某场直播的"商品来源分析"和"商品分类分布 TOP10"页面

另外，主播还可以在"商品来源分析""商品分类分布 TOP10""商品品牌分布 TOP10"和"商品讲解"板块的下方，查看"商品详情"页面的数据。在"商品详情"页面中，运营者可以查看直播中各商品的"商品讲解""商品上架时间""直播销量"和"直播销售额"等数据。如图 6-32 所示，为某场直播的"商品详情"页面。

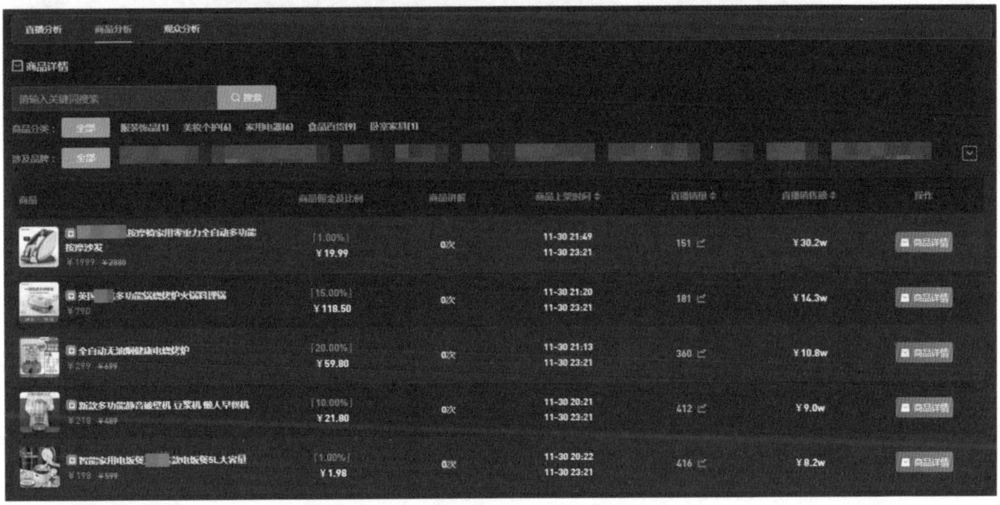

图 6-32　某场直播的"商品详情"页面

而在"观众分析"板块中，主播则可以查看"性别分布""年龄分布""地域分布"和"星座分布"等与观众属性相关的数据。如图 6-33 所示，为某场直播观众的"性别分布""年龄分布"和"地域分布"页面。

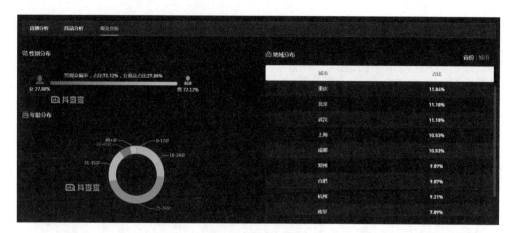

图 6-33　某场直播观众的"性别分布""年龄分布"和"地域分布"页面

　　除了观众属性类数据之外，主播还可以查看"直播观众来源分析"。如图 6-34 所示，为某场直播的"直播观众来源分析"页面，可以看到，该场直播的观众中来自"同城""粉丝"和"视频推荐"的占比相对较小。也就是说，很多直播观众可能只是在看直播时偶然看到了这场直播。

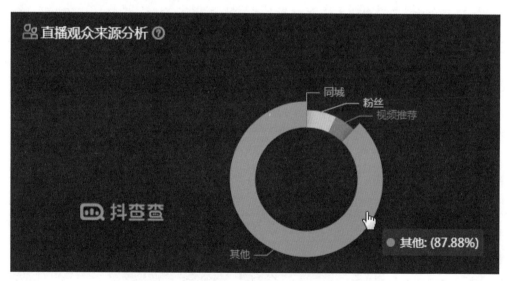

图 6-34　某场直播的"直播观众来源分析"页面

第 7 章

视觉入门：
为视频营销做好准备

　　许多运营者之所以要通过短视频进行视觉营销，是因为短视频视觉营销可以快速吸引大量用户的关注。当然，要想让短视频视觉营销获得更好的效果，运营者还得做好一些准备。比如，了解视觉营销的基本知识、对短视频账号的基本信息进行设置等。

▶ 052 什么是视觉营销

随着电子商务的迅速发展，视觉营销的作用也越来越重要，因为许多用户更容易被更具视觉效果的内容吸引。在这个被信息包围的世界，无论是走在大街上，还是打开电脑和手机，都会接触到各式各样的广告，而要想让广告获得更好的效果，通过视觉营销让用户更好地接收信息无疑就显得非常关键了。那么，什么是视觉营销呢？其定义要点，如图 7-1 所示。

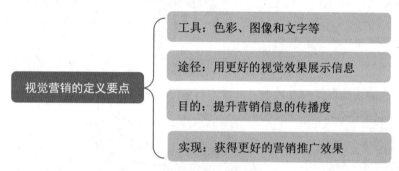

图 7-1　视觉营销的定义要点

以抖音短视频为例，一打开短视频，就会看到让人移不开目光的视频和文字。无论是精彩无比的视频内容，还是创意十足的文字，都足以对用户造成视觉冲击，从而让用户点击购物车购买商品，最终实现营销的目的，这就是视觉营销。简单地说，视觉只是方法，营销才是目的，二者不可分离。

因为短视频视觉营销主要就是利用效果较好的视觉表达吸引用户，给他们留下良好的印象，从而增加用户的消费意愿，因此，短视频视觉营销做得好能提升商品的销售额，这主要体现在 3 个方面，如图 7-2 所示。

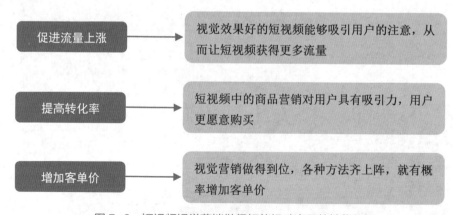

图 7-2　短视频视觉营销做得好能提升商品的销售额

▶ 053 视觉的设计元素

只有注重视觉设计，运营者才能让短视频获得更好的视觉营销效果。基本的视觉设计元素主要有 3 个，即点、线、面。接下来，笔者分别进行介绍。

1. 点：简单的焦点视觉感

点，属于比较简单的视觉设计元素，当它被合理运用时就能产生良好的视觉效果。在视觉营销中，视觉点的运用随处可见。

如图 7-3 所示，为某品牌的圆点连衣裙的展示图，图中的连衣裙以黑色为底，点缀白色的圆点。圆点视觉元素的运用，在增加商品亮点的同时，也通过有序排列，给用户带来了更好的视觉享受。

图 7-3　某品牌的圆点连衣裙的展示图

2. 线：富有动感的视觉效果

线和点不同之处在于，线构成的视觉效果具有流动性、富有动感。有时候简单的几根线条加上同样是线条组成的字母，就能给人一种舒适的视觉享受，同时也能够给人留下深刻的印象。

在短视频营销中，通过线条营造富有动感的视觉效果，能有效地突出商品的个性。如图 7-4 所示，为某款手机的展示图，该展示图中的画面以白色为背景，凸显了手机的金属感与线条，使整个画面简洁明了，提升了图片的整体质感，而位于画面右侧的手机屏幕与五彩缤纷的线条融为一体，不仅能有效地突出这款手机的特点，还能吸引用户的关注，给用户带来强烈的视觉冲击，增加用户对这款手机的记忆点。

图 7-4　某款手机的展示图

3. 面：让视觉效果更丰富

面是点放大后的呈现形式，通常可以分为各种不同的形状，如三角形、正方形、圆形等，还可以是不规则形状。

运营者和商家在短视频视觉营销中可以采用不同平面的拼接、组合，突出商品的卖点，从而使营销商品的视觉效果更加丰富。不同板块的衔接、不同色彩的组合带来的强烈视觉对比，能让用户获得更好的视觉效果，从而更好地达到视觉营销的目的。

▶ 054　视觉的传达技巧

视觉营销归根结底是信息传递的过程，利用效果较好的视觉表达方式向他人传递相关信息，引起他人关注，从而达到营销的目的。因此，在视觉营销过程中，应注重视觉信息传达的准确、到位。本节主要介绍视觉营销中视觉信息传达的相关知识。

1. 视觉时效性：抢占营销时机

时间在视觉营销中占据着举足轻重的地位，因为时间的把握对于视觉效果的打造和推出很重要。在这个信息大爆炸的时代，信息不仅繁杂，而且发布、传播都很快，如果要想引起用户的关注，就要抢占时机，做到分秒必争。

那么，运营者和商家到底应该如何保证视觉时效性、抢占视觉效果的第一印象呢？笔者认为，需要做好两个方面的工作，一是在进行视觉设计之前，提前准备好相关信息，把握时下的热点；二是设计要融合当下热点，并且设计效果要符合大众的审美。

2. 视觉利益性：锁定利益敏感词

运营者要想利用视觉效果传递令用户感兴趣的信息，就要锁定用户的基本利益需求。一般而言，用户在查看短视频封面内容时，如果看到了赠送、优惠等字眼，就会对短视频信息更感兴趣。

3. 视觉信任感：加入商品售后信息

基于在线购物的虚拟性，很多用户对商品以及商家都没有足够的信任感。因此，在短视频中传达出商品在限定时间内可以无理由退换、售后有保障等信息，就能够让用户放心购物，提升商品的转化率。

在短视频视觉营销过程中，运营者应为用户提供真实可信的商品信息以及相关的商品服务信息，从而增加用户对商品的信任度，提高商品的销售额。另外，在视觉营销中加入商品的售后信息，有利于增强用户对运营者的好感。

4. 视觉认同感：利用名人提升好感

在传达视觉信息的时候，运营者和商家可以利用大家喜爱的名人（包括明星）来获得用户的认同，提升用户的好感，从而为商品的营销活动提供更多关注，提高商品销售量，达到视觉营销的目标。

5. 视觉价值感：抓住用户的取向和喜好

运营者在进行短视频营销时，传达的信息要准确，并且要发挥每个镜头的作用，而做好这些工作的基础就是深入了解目标用户的取向和喜好，体现视觉信息的价值感。在传达信息时，运营者可以在短视频封面上直接注明重要信息，起到突出强调的作用。值得注意的是，标注的信息要注重语言的提炼，注重核心信息点的传达。

6. 视觉细节感：重点突出，细节到位

在传递视觉信息时要注重视觉细节的准确、到位，这里的细节到位不是说面面俱到，越详细越好。因为短视频能展示的内容有限，用户能够接受的信息也是有限的。如果一味地追求细节，就无法凸显重点。那么，怎样才能做到细节到位呢？笔者认为主要需要把握两点，一是凸显产品的细节设计优势；二是对与产品相关的重点信息进行展示，如产品的价格、款式等。

▶ 055 视觉心理的运用

运营者在进行短视频视觉营销时，应注重对用户心理的分析，从而在视觉设计

过程中，借助视觉心理学的有关知识向用户传达信息，更好地吸引用户的注意力。本节主要介绍视觉营销中视觉心理学的运用方法。

→ 1. 凸显：重点信息的视觉位置

用户在浏览信息时，停留的时间极短。如果运营者提供的短视频信息没有吸引力，用户就会快速跳过。根据用户的这一心理，运营者必须在用户短暂停留的时间内，将具有吸引力的视觉信息传递给用户。这就要求运营者在进行视觉设计时，要将营销活动的重点信息放在显眼的位置，从而在有效的视觉范围之内，凸显重要的活动信息。

如图 7-5 所示，为两个汽车营销类短视频的相关画面，可以看到在这两个画面中，运营者便是用较大号的字体对购买汽车可以获得的优惠进行了重点说明，而用户看到后很容易就会被这些优惠吸引住。

图 7-5　凸显重点信息的短视频

→ 2. 契合：利用场景激发用户的共鸣

用户在刷短视频时常常会不自觉地被和自身高度契合的内容吸引。这种情况的出现其实就是用户往往会把自己带入到短视频场景中去，特别是当画面场景与用户的心理高度符合的时候，效果就会更加显著。因此，运营者在制作短视频时，要先找准目标用户，然后对商品进行准确的定位，再根据定位来拍摄画面。

如图 7-6 所示，为某产品的展示图，该图片中通过生活化的场景——模特有些慵懒地坐在椅子上看手机，表现出了自由、舒适与快乐的品牌理念。喜欢慵懒且个性独立的用户看到这张图片，就会不自觉地把自己带入到场景中，从而产生够买图中毛衣的冲动。这便是利用场景与销售商品的高契合度，激发用户情感共鸣的一种视觉设计手段。

图 7-6　利用场景激发用户的共鸣

3. 通感：打造细腻、逼真的视觉效果

人的不同感官可以通过联想的方式联系在一起，比如俗语中的"一朝被蛇咬，十年怕井绳"中就涵盖了这种心理知识。运营者在进行短视频视觉营销时也可以利用用户的这一心理。尤其是对于食物类的商品而言，如果将产品的视觉效果打造得格外细腻、逼真，或者看起来让人垂涎欲滴，就能更好地达到视觉营销的目的。

如图 7-7 所示，为运用通感效应打造的食品类商品的图片，因为图片中的食品看上去让人有食欲，所以许多人看到图片之后会更想购买该食品。

图 7-7　运用通感效应打造的食品类商品的图片

▶ 056　视觉认知的误区

不少运营者在进行短视频视觉营销的过程中，走进了视觉误区，从而使视觉营销的效果大打折扣，没有达到预期的营销效果，造成了不必要的损失。本节主要介绍常见的视觉误区。

1. 盲目堆积：陷入疲于筛选的困境

很多运营者在打造短视频内容，特别是短视频封面图片时，往往有些随意和贪心，总是想要在小小的画面内展示多种不同的事物，而且在文案的编辑上也展示出了不小的"野心"。

对此，运营者需要明白的是，短视频画面承载的信息量和用户获取的信息量之间不一定成正比。并不是说短视频画面承载的信息量越多，用户从中获取的信息就越多。而且当画面中传递的信息超出了用户的接受范围时，还容易导致用户的视觉疲劳。如图 7-8 所示，为某手机壳展示图，该图片中将 18 种款式堆积在一张图中进行展示，用户看到之后容易造成视觉疲劳。

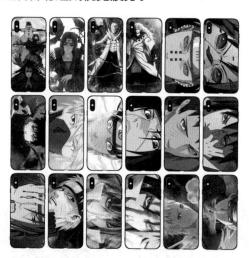

图 7-8　盲目堆积的商品展示图

实际上，这样盲目堆积的展示图往往会适得其反。因为用户对信息提取的耐心是有限度的，太过花哨和繁杂的信息会让本来就疲于筛选有效信息的用户陷入困境之中。这样一来，用户不仅不会再对商品产生购买的兴趣，还很有可能对运营者及其账号产生抵触和反感心理。

2. 没有亮点：用户对商品失去信心

不少运营者在打造短视频内容，特别是短视频封面时，没有注重亮点的提取，这样打造的内容对用户来说通常没有太大的吸引力。而且用户在看到这类展示图片时会觉得运营者不够用心，并因此对运营者失去信心。如图 7-9 所示，为没有做好亮点提取的商品展示图。

3. 定位不明：给用户带来审美困扰

不少运营者在进行视觉营销时风格定位不够明确，常常在同一个账号中展示了多种不同风格的内容，或者推销多种关联性不强的产品。这样很容易给经常查看该账户内容的用户带来困扰。

图 7-9　没有做好亮点展示的商品展示图

　　运营者和商家在进行视觉营销过程中之所以容易走入视觉误区，主要是因为缺乏对视觉营销重要性的正确认识。因此，运营者和商家需要明确一个问题：消费者是怎么来的。

　　消费者出现的形式不同，视觉效果对消费者的影响也会存在一定的差异。消费者如果是结合自身需求搜索相关商品，那么视觉效果对消费者的行为将产生一定的影响。而消费者如果是被商品的宣传图片吸引，那么视觉效果的好坏将严重影响消费者的消费行为。

　　视觉效果在交易的成功率上起着很大的作用，如果视觉效果做得不好，那么运营者很可能就会白白错过很多流量，从而导致产品的销量难以得到保障；反之，视觉效果做得好，就能有效地提高产品的转化率，赚取丰厚的利润。

▶ 057　视觉内容的创造

　　运营者在进行短视频视觉营销时，要明白需要创造什么样的视觉内容，或者说在打造视觉内容时应该注意哪些问题。

　　如果运营者在打造视觉内容时没有清晰明确的思路，或者考虑的因素并不是那么全面，就容易造成视觉混乱。那么，如何打造优质的视觉内容，避免造成视觉上的混乱呢？对此，运营者要把握好优质视觉内容的标准，如图 7-10 所示。

　　如果运营者在把握以上标准的基础上，再对细节方面多加注意，就能打造出比较优质的视觉内容，从而有效地吸引流量。

　　任何事物都需要用内容作支撑，短视频视觉营销也是如此。可以说，视觉内容是展开视觉营销的基础，它需要具有价值，不然用户不会接受，视觉营销的效果也就会大打折扣。

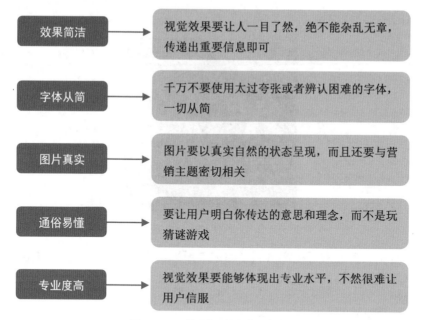

图 7-10　优质视觉内容的标准

随着线上购物的不断发展，以及口碑效应的日益累积，消费者的评论和反馈显得越来越重要，他们传递的视觉内容同样也影响着销售额和品牌形象。那么，不同的商业类型究竟适合什么样的视觉内容呢？笔者将其总结为几点，如图 7-11 所示。

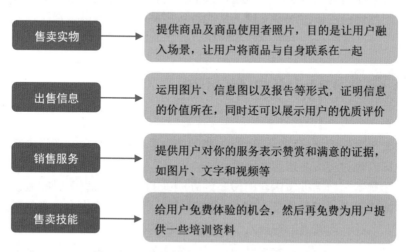

图 7-11　不同的商业类型适用的视觉内容

了解了不同的商业类型适用的视觉内容之后，短视频运营者还要为视觉内容的优质与否制定评判标准，如图 7-12 所示。

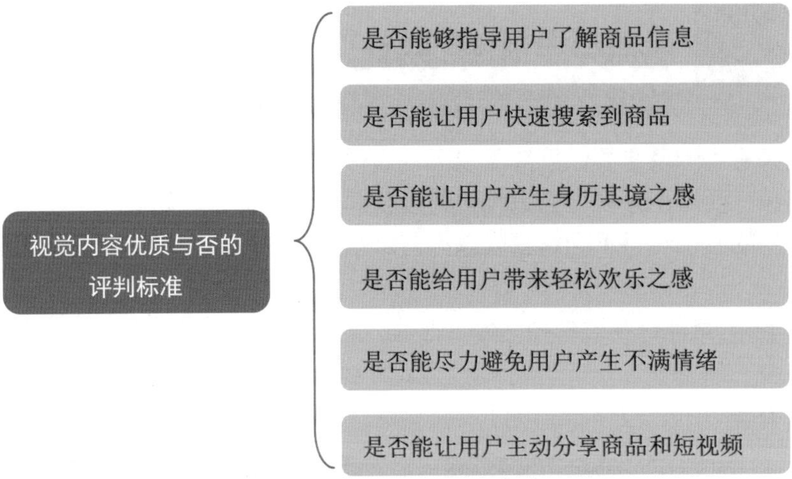

是否能够指导用户了解商品信息

是否能让用户快速搜索到商品

是否能让用户产生身历其境之感

视觉内容优质与否的
评判标准

是否能给用户带来轻松欢乐之感

是否能尽力避免用户产生不满情绪

是否能让用户主动分享商品和短视频

图 7-12　视觉内容优质与否的评判标准

短视频运营者做到了以上几点，那么视觉内容就可以算得上是比较出众了。当然，还有一点不可忽视，那就是视觉内容要遵从简单原则——通俗易懂。而且，运营者在打造内容时，还要对消费者做出保证，这样才能够为视觉营销的成功打好基础。

▶ 058　常用的展现工具

在传达短视频营销理念时，图形和可视化工具是不错的选择。图形更容易概括信息，也能够避免人们长时间地观看冗长呆板的文字。而可视化工具则可以让相关信息变得更加直观。

可视化工具则主要包括思维导图、饼图、表格和 PowerPoint 等。以前很多人做演示报告用的都是 PowerPoint，随着信息技术的飞速发展，可视化工具变得越来越多。下面笔者将介绍几种高效好用的可视化工具，如图 7-13 所示。

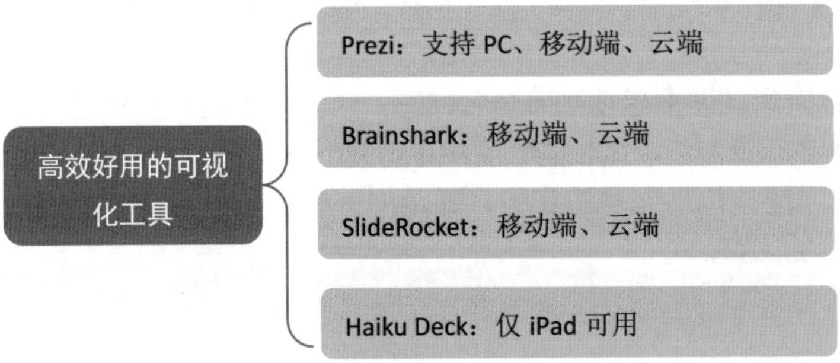

Prezi：支持 PC、移动端、云端

Brainshark：移动端、云端

高效好用的可视
化工具

SlideRocket：移动端、云端

Haiku Deck：仅 iPad 可用

图 7-13　高效好用的可视化工具

▶ 059 名字要简单易记

短视频账号的名字要做到简单易记，这样用户在看到账号名字之后，就能留下深刻的印象，而短视频视觉营销也将持续获得效果。那么，如何在短视频账号中设置简单易记的名字呢？下面笔者就以抖音账号名字的设置为例，对具体的操作步骤进行说明。

步骤 01 登录抖音短视频 App，进入"我"界面，点击界面中的"编辑资料"按钮，如图 7-14 所示。

步骤 02 进入"编辑个人资料"界面，点击"名字"一栏，如图 7-15 所示。

图 7-14　点击"编辑资料"按钮　　图 7-15　点击"名字"一栏

步骤 03 进入"修改名字"界面，在"我的名字"文本框中输入新的名字，点击"保存"按钮保存，如图 7-16 所示。

步骤 04 操作完成后，返回"我"界面，可以看到此时账号名字便完成了设置，如图 7-17 所示。

当然，运营者在设置短视频账号名称时，也需要掌握一些技巧，具体如下。

（1）名字不能太长，太长的话用户不容易记住。

（2）名字应该体现账号的定位，即用户一看到账号名字就能明白该账号主要是分享哪方面的内容。

图 7-16　"修改名字"界面

图 7-17　名字设置完成

▶ 060　头像要美观大方

短视频账号的头像应该做到美观大方，让用户看着不觉得难受。否则，用户在看到账号头像之后，可能就会对账号产生厌恶感。那么，如何设置账号头像呢？以抖音为例，运营者可以通过以下两种方式设置账号头像。

➔ 1. 在"我"界面设置

在抖音的"我"界面中，用户可以通过以下步骤设置头像。

步骤 01 进入抖音短视频 App 的"我"界面，点击界面中的抖音头像，如图 7-18 所示。

步骤 02 进入头像展示界面，点击下方的"更换"按钮，如图 7-19 所示。

步骤 03 操作完成后，弹出头像设置方式列表框，运营者可以通过"拍一张"或"相册选择"的方式进行头像设置。这里笔者以选择"相册选择"为例进行说明，如图 7-20 所示。

步骤 04 选择"相册选择"选项之后，从相册中选择需要作为头像的图片，如图 7-21 所示。

步骤 05 进入"裁剪"界面，对图片进行裁剪之后，点击下方的"确定"按钮，如图 7-22 所示。

图 7-18　点击抖音头像

图 7-19　点击"更换"按钮

图 7-20　选择"相册选择"选项

图 7-21　选择需要作为头像的图片

步骤 06 操作完成后，返回"我"界面，显示头像设置完成，如图 7-23 所示。

2. 在"编辑个人资料"界面设置

在"编辑个人资料"界面中，用户只需点击头像，便可在弹出的列表框中选择合适的方式设置头像，如图 7-24 所示。

如选择"相册选择"选项之后，只需按照在"我"界面中设置头像的步骤 01 至步骤 05 进行操作，便可完成头像的设置。

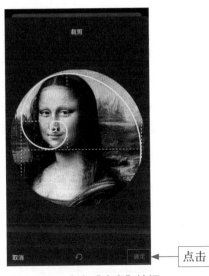

图 7-22　点击"确定"按钮

图 7-23　完成头像设置

图 7-24　在"编辑个人资料"界面设置头像

　　在设置短视频账号头像时有几个基本的技巧，具体如下。

　　（1）头像一定要清晰。

　　（2）个人账号一般使用主播肖像作为头像；团体账号可以使用代表人物形象作为头像，或者使用公司名称、Logo 等标志作为头像。

　　（3）可以选用体现账号定位的头像。例如，摄影类的短视频账号，可以将优质的摄影作品作为头像。

▶ 061 简介要简洁明了

在账号简介中，运营者可以对账号定位进行说明，还可以留下微信号等联系方式，更好地与用户进行沟通。但无论是在简介中写什么内容，都应该做到简洁明了。因为如果简介内容过多，用户可能难以把握重点，而且大多数用户也不会有耐心看完。

那么，如何进行短视频简介的设置，更好地吸引用户的目光呢？具体来说，以抖音为例，运营者可以通过如下步骤进行账号简介的设置。

步骤 01 进入"编辑个人资料"界面，点击界面中的"简介"一栏，如图 7-25 所示。

步骤 02 操作完成后，进入"修改简介"界面。在界面中输入简介内容，如图 7-26 所示。

步骤 03 操作完成后，返回"我"界面，便可以看到设置完成后的简介内容，如图 7-27 所示。

图 7-25　点击"简介"一栏　　图 7-26　输入简介内容　　图 7-27　简介内容设置完成

短视频账号的简介内容通常要做到简单明了，让用户看到之后就能把握住重点信息，其基本设置技巧如下。

（1）为了增强视觉营销的效果，更好地吸引用户关注账号，运营者可以在简介中引导用户关注账号。需要注意的是，为了更好地起到引导关注的作用，简介中一定要出现关键词"关注"，如图 7-28 所示。

（2）账号简介可以用多行文字，但一定要在多行文字的视觉中心出现"关注"两个字。

（3）在简介中引导用户添加你的微信号时，不能直接使用"微信"这个字眼。但是，运营者可以使用"VX""V""微X"等字眼来代替"微信"，如图 7-29 所示。

图 7-28　在简介中引导关注　　　　图 7-29　在简介中引导用户添加你的微信号

▶ 062　头图要适合定位

账号头图就是抖音主页界面上方的图片，也称背景图。部分抖音运营者认为头图设置不设置无所谓，其实不然。如图 7-30 所示，为一个没有设置头图的抖音号主页。看到这张图片之后你有什么感觉呢？笔者的感觉是，这个主页好像缺了什么东西。而且运营者连头图都不设置，像是没怎么用心在运营。一旦用户有了这种感觉，那么短视频账号的视觉营销效果就会大打折扣。

图 7-30　没有设置头图的抖音号主页

其实，即便是随意换一张图片，感觉也会比直接用抖音号的默认图片要好得多。不仅如此，头图本身也是一个很好的宣传场所。

例如，我们可以设置带有引导关注类文字的头图，提高短视频账号的吸粉能力，为短视频的视觉营销提供助力，如图7-31所示。

图7-31　通过头图引导关注

另外，运营者还可以在头图中展示自身的业务范围，让用户一看就知道你是做什么的。这样一来，当用户有相关需求时，便会将你作为重要的选择项。如图7-32所示，为利用头图展示业务范围的抖音号。

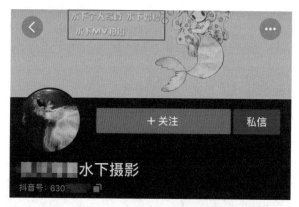

图7-32　利用头图展示业务范围的抖音号

那么，如何更换头图呢？下面就以抖音为例介绍具体的操作步骤。

步骤 01 进入抖音短视频 App 的"我"界面，点击界面上方头图所在的位置，如图7-33所示。

步骤 02 进入头图展示界面，点击界面下方的"更换"按钮，如图7-34所示。

点击 ◄

图 7-33 点击头图所在的位置

点击

图 7-34 点击"更换"按钮

步骤 03 操作完成后，弹出头图设置方式列表框，运营者可以通过"拍摄""相册选择"或"从默认图库选择"的方式进行头图的设置。这里笔者以"相册选择"为例进行说明，如图 7-35 所示。

步骤 04 选择"相册选择"选项之后，从相册中选择需要作为头图的照片，如图 7-36 所示。

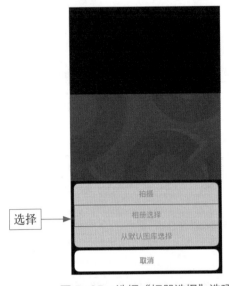

选择 ►

图 7-35 选择"相册选择"选项

选择 ◄

图 7-36 选择需要作为头图的照片

步骤 05 操作完成后，进入"裁剪"界面，在该界面中可以裁剪和预览头图展示效果。裁剪完成后，点击下方的"确定"按钮，如图 7-37 所示。

　　步骤 06 操作完成后，返回"我"界面，如果头图完成了更换，就说明头图设置成功了，如图 7-38 所示。

图 7-37　点击"确定"按钮

图 7-38　头图设置成功

▶ 063　信息要辅助营销

　　除了名字、头像、简介和头图之外，运营者还可以对学校、性别、生日和地区等账号信息进行设置，辅助进行视觉营销。在抖音中，运营者只需进入"编辑个人资料"界面便可以对这些信息进行设置了。

　　在这 4 类账号信息中，学校和地区相对来说重要一些。学校的设置，特别是与账号定位一致的学校信息设置，会让用户觉得账号运营者更加专业，从而提高账号内容对用户的吸引力。而地区的设置，则能更好地吸引同城用户的关注，从而提高账号运营者旗下实体店的流量。

　　以抖音短视频为例，运营者可以通过以下步骤设置学校信息。

　　步骤 01 进入"编辑个人资料"界面，点击"学校（选填）"一栏，如图 7-39 所示。

　　步骤 02 操作完成后，便可进入"添加学校"界面，在界面中设置相关信息；点击"保存"按钮，如图 7-40 所示。

　　步骤 03 操作完成后，在弹出的学校信息设置提醒列表框中，点击"提交"按钮，如图 7-41 所示。

 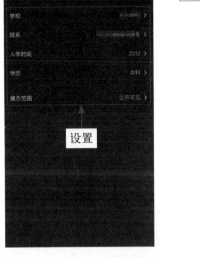

图 7-39　点击"学校"（选填）一栏　　　图 7-40　点击"保存"按钮

步骤 04 操作完成后，将自动返回"编辑个人资料"界面。如果此时学校后方出现了相关信息，就说明学校信息设置完成了，如图 7-42 所示。

图 7-41　点击"提交"按钮　　　　　图 7-42　学校信息设置完成

第 8 章

视觉封面：
图片要让人眼前一亮

要想增加短视频的曝光度和点击量，运营者就必须设置能够让用户眼前一亮的视觉封面图片，让用户看到封面图片之后忍不住就想点击查看内容。本章将为大家介绍视觉封面图片的选择与制作技巧，让大家更好地制作出让用户眼前一亮的短视频封面图片。

▶ 064 图片清晰度要高

　　因为许多人在看一条短视频时，会将重点放在封面图片上，所以如果运营者选用的封面图片不够清晰，那么用户很可能就没有兴趣点击查看短视频内容了。

　　部分运营者会从拍摄的短视频中选择某个画面作为封面图片，此时，选择清晰度高的封面图片就显得尤为重要了。否则，用户看到封面图片之后就会留下极差的印象，在这种情况下用户很可能就不会点击查看短视频了。

　　如图8-1所示，为两个短视频的画面，这两个画面都是比较模糊的，如果不看画面中的文字信息，用户甚至不知道该画面呈现的是什么内容。试问，将这种画面作为封面图片，用户又怎么会有查看该短视频的兴趣呢？

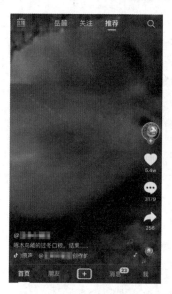

图 8-1　模糊的短视频画面

　　同样是将短视频画面作为封面图片，如果运营者选择的图片清晰度非常高，能够很好地展现出画面的质感，那么，用户在看到封面图片之后，就会觉得运营者是在用心做短视频。而在感受到运营者的用心之后，用户自然也更愿意单击查看短视频内容了。这也是许多美景和美食类短视频受到大量用户欢迎的重要原因之一。

　　如图8-2所示，为两个美景类短视频的画面，这两个画面的清晰度非常高，让人一看就能感受到画面的质感。因此，如果运营者将这两个画面作为封面图，那么用户在看到这么美的画面之后，大多会选择点击查看对应的短视频内容。

　　除了从拍摄的短视频中选择封面图片之外，运营者还可以单独拍摄照片，将其用作封面图。当然，在选择图片，特别是选择商品营销类短视频的图片时，也应该将图片的清晰度作为重要的参考依据。因为所选的封面图片，将对短视频的营销效果产生重大影响。

图 8-2　清晰的美景类短视频画面

下面笔者就以女装类营销短视频封面图片的选择为例进行说明。如图 8-3 所示，为两张女装商品的展示图对比。左侧的图片比较清晰，我们甚至能一眼就看到一些细节的设计。而右侧的图片则是比较模糊的，就连该女装上的图案也看不太清楚。如果将这两张图片作为封面图，用户会更愿意查看哪张封面图对应的短视频呢？答案是显而易见的。

图 8-3　女装商品展示图对比

▶ 065 图片光线要充足

随着物质生活水平的提高，人们对品质的要求与标准也在不断地提升。因此，如何选择高品质的图片素材便成为封面设计时需要考虑的重点问题。一般而言，光线充足的图片素材会给用户带来更好的视觉享受。

如果选择的封面没有把握好视觉光线，一方面容易导致图片无法达到预期的视觉效果；另一方面这样的视觉图片也不足以引起用户的观看兴趣。而且同样的事物，在不同光线下呈现的效果有时候也会有比较大的差距。如果事物是在光线充足的情况下被拍摄的，那么呈现出来的视觉效果会更好一些。

如图8-4所示，为两张短视频封面图，可以看到这两张图中的主题都是小龙虾，但是左侧这张封面图拍摄时光线有些不足，所以小龙虾看上去偏暗红色，就像不太新鲜似的；而右侧这张封面图拍摄时光线要充足一些，所以小龙虾看上去呈现亮红色，而且看着也让人比较有食欲。因此，当这两个短视频封面放到用户面前时，大多数用户会更喜欢右侧这张短视频封面。

图8-4 光线得当的图片示例

▶ 066 视觉角度要合理

运营者要想让封面图片更加吸睛，就要选择视角合理的图片素材，从而为短视频封面增添亮点，提高封面的观赏性。下面以图解的形式介绍将视觉角度合理的图片素材作为短视频封面的好处，如图 8-5 所示。

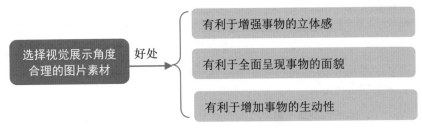

图 8-5　选择视觉展示角度合理的图片素材的好处

从视觉呈现合理这个角度来说，运营者在选择封面图时要把握好两点，一是封面图应该尽可能地对主体进行完整的展示；二是封面图中要呈现出事物具有亮点的那一面。

选择的图片要对主体进行完整的展示这一点很好理解，因为主体本身就应该是整个封面的重点。如果封面图片没有对主体进行完整的展示，那么用户可能很难把握封面图片中的重点。

如图 8-6 所示，为某短视频的两个画面，左侧这张图片展示的是小猫玩玩具时的样子，对小猫和玩具都进行了整体展示；右侧这张图片展示的是小猫的两只脚和玩具的一部分。这个短视频主要展示的是小猫玩玩具时的憨态，因此，从对主体进行完整展示的角度来看，左侧这张图片显然更适合作为封面图片。

图 8-6　小猫玩玩具的两个短视频画面

封面图中要呈现出事物具有亮点的一面，简单地理解，就是要让事物呈现的角度对用户更有吸引力。以商品为例，通常来说，大多数商品的正面细节设计往往会更多，亮点也会更多。所以，在为商品营销类短视频选择封面时，选择商品的正面展示图通常要合适一些。

如图 8-7 所示，为某女装的正面展示图和背面展示图。该女装的正面展示图中的口袋和衣扣等细节的设计都是比较有特色的，而这些细节设计在其正面展示图中都有体现。所以，如果要为该女装的营销短视频选择封面图片，那么，正面展示图相对来说要合适一些。

图 8-7　某女装的正面展示图和背面展示图

选择视觉角度合理的图片素材是运营者进行封面视觉设计、增强封面视觉效果的前提条件，也是激发用户好奇心、引起用户关注影响的重要因素。如果一看封面图就能看到亮点，用户自然会想要点击查看短视频的内容，了解更多具体信息。

▶ 067　颜色搭配要合适

运营者想要让自己的短视频封面吸引用户的目光，就要对封面图片的颜色搭配多一些思考。图片的颜色搭配合适能够给用户一种顺眼和耐看的感觉，让用户对图片对应的短视频更感兴趣。具体来说，颜色搭配合适的封面图片需要满足以下两点。

（1）封面图片的色彩应该是明亮的，整体看上去要具有美感。

（2）封面图片中各种颜色的搭配不能显得混乱和突兀。

通常来说，如果没有特殊情况，封面图片要尽量选择色彩明亮的，因为这样的图片不仅看上去更加美观和舒适，还能给运营者带来更多的点击量。下面以图解的形式，介绍色彩明亮的图片能够提高短视频点击量的具体原因，如图 8-8 所示。

色彩明亮的图片能够提高短视频点击量的原因

可以使用户眼前一亮，更好地吸引用户的关注

更容易激发用户的好奇心，引起用户的观看兴趣

能为用户带来美好的视觉享受，达到更好的营销效果

图 8-8　色彩明亮的图片能够提高短视频点击量的原因

如图 8-9 所示，为两个关于哪吒的短视频封面，可以看到，左侧这张封面中的事物主要以红色、黄色等比较明亮的颜色构成，而右侧这张封面中的事物则以黑色、蓝色等相对较为暗淡的颜色为主。而大多数用户看到这两张图片之后，通常会更喜欢左侧这张图片，因为这张图片比较明亮，呈现出的视觉效果更好一些，用户很快就会被封面中的事物吸引。

图 8-9　两张关于哪吒的短视频封面图

很多用户在观看视频时希望能有一个轻松愉快的氛围，不愿在压抑的环境下观看，而色彩明亮的封面图片就不会给用户压抑沉闷的感觉，它能给用户带来舒适轻松的观看氛围。

而要做到封面图片的搭配不显得混乱和突兀，则要求运营者在设计封面图片时，遵循一定的色彩搭配原则。例如，将相隔较远的颜色（如黄色和紫色、红色和青绿色）进行搭配、将两个相对的颜色（如红色和绿色、黑色和白色）进行搭配，通常能让封面图片获得更好的视觉效果。

▶ 068　紧密联系视频内容

如果将一个短视频比作一篇文章，那么短视频的封面相当于文章的标题。所以在选择短视频封面时，一定要考虑封面图片与短视频的关联性。如果你的短视频封面与短视频内容的关联性太弱了，那么就像是写文章时有标题党的嫌疑，或者是让人觉得文不对题。在这种情况下，短视频用户看完短视频之后，自然就会生出不满情绪，甚至产生厌恶感。

其实，根据与内容的关联性选择短视频封面的方法很简单，运营者只需要根据短视频的主要内容选择能够代表主题的画面即可。

如图 8-10 所示，为某快手号的短视频的封面。这个快手号在根据与内容的关联性选择封面图方面做得很好。因为这个账号以传授用户菜品制作方法为主，而这些封面中直接呈现的就是菜品制作完成后的画面。这样一来，短视频用户看到封面之后就能大致判断这个短视频要展示哪个菜品的制作过程了。

图 8-10　根据与内容的关联性选择的封面图

▶ 069　构图方法要选好

视觉构图的应用范围很广，但其目的只有一个，就是打造一个协调好看的画面，引起用户注意。那么，构图的含义是什么呢？笔者的具体分析如下。

（1）依据：主题和题材类型。

（2）方法：整合要表达的信息。

（3）目标：构成具有美感的画面。

在笔者看来，视觉构图的方法不计其数，接下来笔者将介绍几种典型的视觉构图方法，运营者可根据笔者提供的方法对短视频封面进行包装或设计。

1. 对称构图法

对称构图法就是以某条线为对称线，对相同或相似的事物依次进行呈现。这种构图法的妙处就在于在主要位置突出重点信息，在信息两侧分布对称的信息或图案，让画面更有平衡感。如图 8-11 所示，为利用对称构图法拍摄的短视频封面图片，可以看到，这两张照片就是通过左右对称的方式对事物进行呈现的。

图 8-11　利用对称构图法拍摄的短视频封面图片

2. 黄金分割构图法

黄金分割构图法就是将拍摄主题放置在黄金分割点上进行呈现的一种构图方法。黄金分割构图法是一种经典的构图法，各种各样的物体都可以通过这种构图法进行美化。黄金分割构图法具有极大的艺术和审美价值，其特点如图 8-12 所示。

黄金分割构图法的特点

比例协调：让用户看起来无突兀之感

富含艺术：图片格调要高，饱含艺术感

和谐美好：图片展示的内容是和谐美好的

图 8-12　黄金分割构图法的特点

在实际操作时，黄金分割构图法可能不是很好操作。在这种情况下，大家可以使用简化版的黄金分割线构图法——九宫格构图法。

九宫格构图又叫井字形构图，也就是通过横向的两条线和纵向的两条线，将画面分成大小相同的 9 个格子，并将主体放置在这 4 条线的交叉点（也被称为"趣味中心"）上进行拍摄的一种构图法。

如图 8-13 所示，为利用九宫格构图法拍摄的短视频封面。（因为九宫格构图法是在黄金分割线构图法的基础上延伸出来的，并且两种有一些相似之处，所以许多人会将这两种构图法都归为黄金分割线构图法。但是严格来说，下面这两张短视频封面是利用九宫格构图法拍摄的）

图 8-13　利用九宫格构图法拍摄的短视频封面

以苹果手机为例，运营者可以通过以下操作打开九宫格构图线，从而更好地进行九宫格构图。

步骤 01 在苹果手机的桌面上，点击"设置"按钮，如图 8-14 所示。

步骤 02 进入"设置"界面，选择"相机"选项，如图 8-15 所示。

步骤 03 进入"相机"界面，打开"网格"功能，如图 8-16 所示。

步骤 04 操作完成后，打开手机相机，相机拍摄界面中便会出现网格（也就是九宫格），如图 8-17 所示。运营者只需将拍摄主体放置在九宫格的趣味中心附近，便可借助九宫格构图法拍摄短视频封面了。

九宫格构图中一共有 4 个趣味中心，每一个趣味中心都将视频拍摄主体放置在偏离画面中心的位置上，在优化视频画面空间感的同时，又能很好地突出视频拍摄主体，是十分实用的拍摄方法。此外，用九宫格构图拍摄手机短视频的封面，能够使画面相对均衡，拍摄出来的画面也比较自然和生动。

图 8-14　点击"设置"按钮

图 8-15　选择"相机"选项

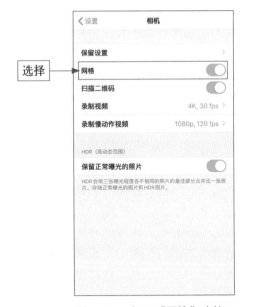

图 8-16　打开"网格"功能

图 8-17　拍摄界面中出现九宫格

3. 透视构图法

透视构图法是指通过画面中某一条线或某几条线，由近及远形成延伸感，使观众的视觉沿着画面中的线条汇聚成一点。如图 8-18 所示，为利用透视构图法拍摄的短视频封面。

图 8-18　利用透视构图法拍摄的短视频封面图片

透视构图可分为单边透视和双边透视。单边透视就是指画面中只有一边带有由近及远形成延伸感的线条；双边透视则是指画面两边都带有由近及远形成延伸感的线条。

手机视频拍摄中的透视构图，可以增加视频画面的立体感，而且透视本身就有近大远小的规律。视频画面中近大远小的事物组成的线条或者本身具有的线条，能让观众的视觉沿着线条指向的方向看去，有引导观众视觉的作用。

4. 分隔构图法

商品类营销类短视频的封面在构图上也需要进行认真的设计，因为不同的构图方法可以打造不同的视觉关注点，从而形成风格各异的气氛，给用户带来更加独特的视觉享受。

例如，在服装类商品的视觉营销中，运用得比较多的是分隔构图方法（即将画面分隔成几个部分来分别呈现内容）。有时候运营者为了在封面中同时展示多种商品，或者展示一个商品的多个角度，就会将封面分割为几个部分，分别呈现不同的画面。

如图 8-19 所示，为利用分割构图法制作的两张短视频封面图。左侧这张封面图将画面分割为两个部分，从不同的角度对商品进行了展示；右侧这张封面图将画面分割为 3 个部分，对该服装的不同款式分别进行了展示。

在营销类短视频封面中采用分隔构图法的好处主要有两个，一是可以全方位展示商品的特点，更好地展示商品的优势；二是可以呈现出商品的不同颜色和款式，从而吸引更多用户的注意力。

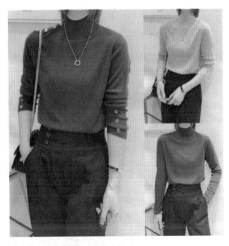

图 8-19　利用分割线构图法制作的短视频封面图片

5. 三分线构图法

三分线构图，顾名思义，就是将画面横向或纵向分为 3 个部分，在拍摄时将主体放在三分线构图的某一位置上进行构图取景，让主体更加突出，让画面更加美观。

如图 8-20 所示，为两张利用三分线构图法拍摄的短视频封面，可以看到，这两张封面中便是将主体（即人物）分别放置在画面的三分线附近进行画面拍摄的。

图 8-20　利用三分线构图法拍摄的短视频封面图片

6. 三角构图法

三角构图法就是通过物体的组合或展示物体的某个部分，让画面中出现一个类似于三角形的形状的构图方法。这种构图的好处是既沉稳又不失灵巧。

如图 8-21 所示，为利用三角构图法拍摄的两张图片，可以看到这两张图片便是利用屋檐自身的形状来进行三角构图拍摄的。

图 8-21　利用三角构图法拍摄的图片

7. 直线构图法

直线构图法即将物体放在一条直线上进行展示，这种构图法常用于商品营销类短视频封面中。利用这种构图法拍摄的封面图片，不仅能充分展示商品的种类和颜色，还能让用户快速地对产品进行对比，从而更好地选择自己需要的产品和款式。如图 8-22 所示，为利用直线构图法拍摄的商品营销类图片。

图 8-22　利用直线构图法拍摄的商品营销类图片

8. 渐进构图法

渐进构图法就是对物体有序地进行排列，呈现出一种变化的趋势，比如由大到小、由远及近。如图8-23所示，为利用渐进构图法拍摄的图片。

图8-23　利用渐进构图法拍摄的图片

这种构图法的优势，主要体现在3个方面，如图8-24所示。

渐进构图法的优势
- 增强图片的空间感和立体感
- 让物体整齐有序地进行陈列
- 对不同规格的物体进行展示

图8-24　渐进构图法的优势

9. 仰拍构图法

在日常拍摄中，只要是需要抬头（或者镜头向上）拍的，都可以理解成仰拍。仰拍构图法的主要作用就是让被拍摄的事物呈现出崇高伟岸之感，使画面中的主体变得高大起来。根据仰拍角度的不同，又可将仰拍构图法细分为30度仰拍、45度仰拍、60度仰拍和90度仰拍等。在利用仰拍构图法拍摄照片时，运营者只需根据自身需求选取仰拍的角度，即可获得合适的仰拍图片。

如图8-25所示，为利用仰拍构图法拍摄的短视频封面图片，可以看到这两张图片的拍摄主体都是人，因为是通过仰拍构图法拍摄的，所以画面中的人显得非常高大，并且腿也特别长。也正因如此，当出镜人身高不太高时，许多拍摄者比较喜欢通过仰拍进行拍摄。

图 8-25　利用仰拍构图法拍摄的短视频封面图片

10. 俯拍构图法

仰拍是从低处往高处拍，而俯拍则是从高处往低处拍。通过俯拍构图法拍摄的照片，能够将大范围的景物依次呈现出来，给人一种深远、辽阔的感觉。常见的俯拍方式包括拍摄者登高拍摄下方的景物或利用无人机等设备拍摄浩大的场景。如图 8-26 所示，为利用俯拍构图法拍摄的短视频封面图片。

图 8-26　利用俯拍构图法拍摄的短视频封面图片

▶ 070 整体设计要有创意

　　清晰度再高、视觉光线再充足或是视觉展示角度再准确立体，如果所采用的图片素材都是千篇一律，缺乏创新点，那么对用户的吸引力也是有限的。要想让短视频封面图片对用户更有吸引力，运营者需要重点把握好以下两点。

　　（1）在封面图片的视觉设计上要富有创意和亮点，让用户持续保持对你发布的内容的新鲜感。

　　（2）打造独具匠心的封面图片，激发用户的好奇心，给予用户更好的视觉享受，从而增加用户的好感度。

　　如图 8-27 所示，为同类型商品图片视觉设计效果的对比。通过视觉效果比较，不难发现左侧图片展示的只是商品的实物图，从视觉设计的角度来看，缺乏一定的设计感，看起来比较单调，对用户的视觉冲击较少，同时对用户的吸引力也较弱。而右图图片则是将商品置于一个精心设计的环境中，让商品的特色与外部环境融为一体，以家为拍摄背景打造出舒适和谐的视觉感受，这也让整个图片增色不少。

图 8-27　同类型商品图片视觉设计效果的对比

▶ 071 后期处理增加美感

　　照片拍摄完成后，运营者通过后期处理，增加照片的美感，再将图片设置为短视频封面。许多 App 都可以对照片进行后期处理，例如，运营者可以利用"美图秀秀"App 中的抠图、虚化和光效功能对照片进行调整优化，增加照片的美感。

➥ 1. 抠图

　　当短视频运营者需要将某个画面中的一部分，如画面中的人物，单独拿出来制作短视频封面时，就可以借助"美图秀秀"App 的"抠图"功能，把需要的部分"抠"出来。在"美图秀秀"App 中使用"抠图"功能的具体操作步骤如下。

步骤 01 打开"美图秀秀"App，点击默认界面中的"图片美化"按钮，如图 8-28 所示。

步骤 02 进入"最近项目"界面，选择需要进行抠图的照片，如图 8-29 所示。

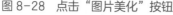

图 8-28 点击"图片美化"按钮　　图 8-29 选择需要进行抠图的照片

步骤 03 进入照片处理界面，点击下方的"抠图"按钮，如图 8-30 所示。

步骤 04 进入抠图界面，选择"一键抠图"选项，然后根据提示选择并拖动照片中需要抠图的部分，便可以直接进行抠图，如图 8-31 所示。

图 8-30 点击"抠图"按钮　　图 8-31 选择"一键抠图"选项

步骤 05 抠图完成之后，只需点击界面右下角的 ✓ 按钮，即可将完成抠图的照片直接导出。

2. 背景虚化

有时候运营者在制作短视频封面时，需要重点突出画面中的部分内容。比如，需要重点展现人物的颜值。此时，便可以借助"背景虚化"功能，通过虚化不重要的部分，来突出显示画面中的重要部分。在"美图秀秀"App 中使用"背景虚化"功能的具体操作步骤如下。

步骤 01 打开"美图秀秀"App，点击默认界面中的"图片美化"按钮，进入"最近项目"界面，选择需要进行背景虚化的照片。

步骤 02 进入照片处理界面，点击下方的"背景虚化"按钮，如图 8-32 所示。

步骤 03 进入背景虚化处理界面，短视频运营者可以在该界面中选择不同的背景虚化模式。"美图秀秀"App 提供了 3 种背景虚化模式，即"智能""圆形"和"直线"，如图 8-33 所示。短视频运营者只需根据自身需求进行选择和设置即可，通常来说，只要选择"智能"模式，系统便会自动选中图片中的主体。

图 8-32　点击"背景虚化"按钮

图 8-33　背景虚化处理界面

步骤 04 背景虚化处理完成之后，只需点击界面右下角的 ✓ 按钮，即可将完成背景虚化的照片直接导出。

如图 8-34 所示，为原片和进行了背景虚化之后的照片，对比之下不难发现，经过背景虚化之后，画面中的重点部分，即画面中的人物更容易成为视觉焦点。

（原片）　　　　　　　　　（背景虚化后的照片）

图 8-34　照片背景虚化处理的前后对比

3. 光效

如果拍摄照片时，光线比较暗淡，那么拍出来的照片必然会亮度不足。遇到这种情况时，运营者可以借助"美图秀秀"App 的"光效"功能，让照片"亮"起来。具体来说，在"美图秀秀"App 中使用"光效"功能处理照片的步骤如下。

步骤 01 打开"美图秀秀"App，点击默认界面中的"图片美化"按钮，进入"最近项目"界面，选择需要进行光效处理的照片。

步骤 02 进入照片处理界面，点击下方的"增强"按钮，如图 8-35 所示。

步骤 03 进入"光效"处理界面，在该界面中，短视频运营者可以通过"智能补光""亮度""对比度"和"高光"等设置，对照片的光效进行调整，如图 8-36所示。

图 8-35　点击"增强"按钮　　　图 8-36　"光效"处理界面

步骤 04 光效处理完成之后，只需点击界面右下角的 ✓ 按钮，即可将完成光效处理的照片直接导出。

如图 8-37 所示，为原片和进行了光效处理之后的照片，可以看到，经过光效处理之后，图片明显变得明亮了，也更具美感了。

（原片） （光效处理后的照片）

图 8-37 照片光效处理的前后对比

▶ 072 封面图的使用技巧

掌握一定的封面图片使用技巧，挖掘图片深处蕴含的视觉灵魂，是一个出色的短视频运营者必须具备的技能。在短视频运营中要想打造出更好的视觉效果，离不开视觉封面图片的支持。那么，运营者如何更好地制作短视频封面呢？本节笔者就来为大家介绍几种常用的视觉图片使用技巧。

1. 营造真实感

为了营造出短视频中商品的真实感，运营者可以在封面中展示使用其他用户的感受图或者效果图。因为大部分用户都愿意相信自己亲眼所见，有时候说得再多，也抵不过买家的一句使用感受。因此，在制作封面图片时，运营者要懂得借用其他的力量营造出真实感。

2. 产生代入感

在短视频平台中，如果运营者选择的是有消费者或其他人物身影存在的封面图片，那么用户在看到封面图片时就更容易产生代入感。而这一过程，也在无形中让用户对封面中的商品、品牌多了一些了解，从而更信赖和信任商品或品牌。而运营者要想实现这一目标，就需要使用有代入感的图片。

可以让用户产生代入感的图片有 3 种，即交易对话图、用户收到商品的晒单图和商品的使用感受图。这几类图片可以让用户将自己当作其中的顾客，想象成是自己在进行商品购买前的咨询或者是使用商品后在诉说对商品的感受，从而让用户充分体验到顾客的心情。

其实这就是封面图片让用户产生代入感的功效，而代入感的产生是建立在封面图片能够表达出人情味的基础之上的。因此，封面图片在表达上除了要有创意，还要体现出一定的人情味。

3. 描画场景感

视频和图片之所以比文字更加直观，就是因为用户在看视频和图片时就能准确地接收画面中的信息，而文字写得再好，也只能是让用户感受到画面感。这也是许多人更容易接受视频和图片信息的重要原因。

而在制作封面图片时，除了呈现出画面感之外，还要更进一步地描画场景感。所谓描画场景感，就是将短视频中的重要场景呈现在封面图片中，让用户一看到封面就能把握住具体的场景。例如，在制作商品营销类短视频封面时，运营者便可以直接将产品的使用场景呈现出来。

第9章

视觉标题：
快速吸引用户的目光

　　所谓视觉标题，就是当用户看到之后，就想点击查看短视频内容的标题。那么，运营者要如何编写视觉标题呢？这一章，就来为大家介绍常见的视觉标题的编写方法和误区，让大家快速编写出吸引大量用户目光的短视频标题。

▶ 073 福利发送型标题

　　福利发送型标题是指在标题上带有与"福利"相关的字眼，向用户传递一种"这个短视频就是来送福利的"感觉，让用户被标题吸引，自然而然地想要点击查看该短视频。发送福利型标题准确把握了用户贪图利益的心理，让短视频用户一看到"福利"相关字眼就会忍不住想要了解短视频的内容。

　　福利发送型标题的表达方法有两种，一种是直接型，另一种则是间接型，虽然具体方式不同，但是效果都相差无几。如图9-1所示，为福利发送型标题的类型。

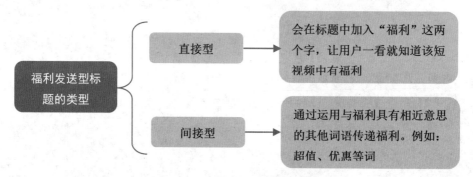

图 9-1　福利发送型标题的类型

　　值得注意的是，在编写福利发送型标题的时候，无论是直接型还是间接型，都应该掌握3个技巧，如图9-2所示。

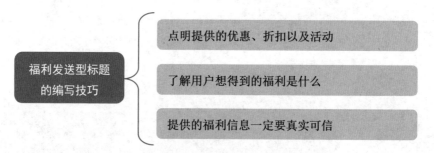

图 9-2　福利发送型标题的编写技巧

　　福利发送型标题有直接福利型和间接福利型两种不同的表达方法，不同的标题案例有不同的特色。接下来，我们就一起来看看这两种福利型标题的具体案例，如图9-3、图9-4所示。

　　这两种类型的福利发送型标题虽然稍有区别，但本质上都是通过"福利"来吸引用户的目光，从而让用户忍不住想要点击查看该短视频内容。

　　福利发送型的标题通常会给用户带来一种惊喜，试想，如果短视频标题中或明或暗地指出短视频中含有福利,你难道不会心动吗?

图 9-3　直接福利型标题　　　　图 9-4　间接福利型标题

福利发送型标题既可以吸引短视频用户的注意力,又可以为短视频用户带来实际利益,可谓是一举两得。当然,运营者在编写福利发送型标题时也要特别注意,不要因为侧重福利而偏离了主题,而且标题不宜写得太长,否则可能会影响短视频的传播效果和视觉效果。

▶ 074　价值传达型标题

价值传达型标题是指向用户传递一种只要查看了短视频之后就可以掌握某些技巧或者知识的标题。

这种类型的标题之所以能够引起用户的注意,是因为它抓住了人们想要从短视频中获取实际利益的心理。许多用户都是带着一定目的去刷短视频的,他们要么是希望短视频中含有福利,比如优惠、折扣;要么是希望能够从短视频中学到一些有用的知识。因此,价值传达型标题往往能够快速吸引大量用户的目光。

在打造价值传达型标题的过程中,往往会碰到这样一些问题,比如"什么样的技巧才算有价值?""价值型的标题应该具备哪些要素?"等。那么,价值传达型的标题到底应该如何编写呢?笔者将其经验技巧总结为3点,如图9-5所示。

值得注意的是,在编写速成型标题时,不要提供虚假的信息,比如"一分钟一定能够学会XX""3大秘诀包你XX"等。价值传达型标题虽然需要加入夸张的成分,但要把握好度,要有底线和原则。

使用比较夸张的语句突出价值

编写价值传达型
标题的技巧

懂得一针见血地抓住用户的需求

重点突出技巧知识点好学、好用

图 9-5　编写价值传达型标题的技巧

价值传达型标题通常会出现在传授技术和技巧类的短视频中，意在通过传授知识和技巧来吸引用户的目光。如图 9-6 所示，为价值传达型标题的典型案例。

图 9-6　价值传达型标题的案例

用户在看见这种价值传达型标题的时候，会更加有动力去查看短视频的内容，因为这种类型的标题让人觉得这个技能很容易掌握，不用花费过多的时间和精力就能学会。

▶ 075　揭露解密型标题

揭露解密型标题是指为用户揭露某件事物不为人知的秘密的一种标题。大部分人都会有好奇和八卦心理，而这种标题则恰好可以抓住短视频用户的好奇心理，从而给用户传递一种莫名的兴奋感，引起用户的兴趣。

运营者可以利用揭露解密型标题做一个长期的专题，从而达到一段时间内或者长期凝聚用户的目的。而且这种类型的标题比较容易打造，只需把握3大要点即可，如图9-7所示。

打造揭露解密型
标题的要点

清楚地表达事实真相是什么

突出展示真相的重要性

运用夸张、显眼的词语等

图9-7　打造揭露解密型标题的要点

在编写揭露解密型标题时，运营者需要在标题中显示出冲突性和巨大的反差，这样可以有效地吸引用户的注意力，使用户认识到短视频内容的重要性，从而让用户愿意主动点击查看短视频内容。

如图9-8所示，为揭露解密型短视频标题案例，这两个短视频的标题都侧重于揭露事实真相，从标题上就做到了点明短视频的主要内容，因此能够有效地吸引大量用户的目光。

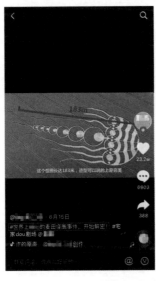

图9-8　揭露解密型标题

无论是揭露，还是解密，通常都是将用户平常难以发现或者无法解释的事情，通过短视频呈现出来。而当短视频标题中出现"揭露""解密"等类似的字眼时，用户观看短视频内容的兴趣马上就被提了起来。

▶ 076 观点表达型标题

观点表达型标题，是以表达观点为核心的一种标题编写形式，一般会在标题上精准到人，并且把人名镶嵌在标题之中。值得注意的是，这种类型的标题还会在人名的后面紧接对某件事的个人观点或看法。

观点表达型标题比较常见，而且可使用的范围比较广泛，常用公式有 5 种，如图 9-9 所示。

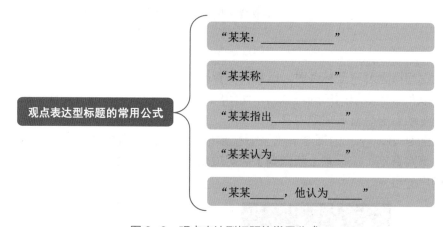

图 9-9　观点表达型标题的常用公式

当然，公式是一个比较刻板的东西，在实际的标题编写过程中，不可能完全按照公式来编写，只能说它可以为我们提供大致的方向。那么在观点表达型标题编写时，有哪些经验技巧可供借鉴呢？笔者总结了 3 点，如图 9-10 所示。

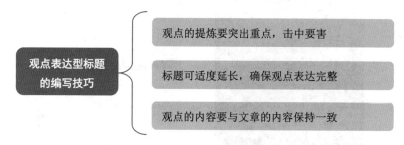

图 9-10　观点表达型标题的编写技巧

观点表达型标题的好处在于一目了然，"人物 + 观点"的形式往往能在第一时间引起用户的注意，特别是当人物的名气比较大时，用户对短视频中表达的观点更容易产生认同感。

如图 9-11 所示，为观点表达型标题的案例，可以看到，在这两个短视频中，就是通过在标题中加入知名人士的观点，来吸引用户点击查看短视频内容的。

图 9-11　观点表达型标题的案例

▶ 077　悬念制造型标题

好奇是人的天性，悬念制造型标题就是利用人的好奇心进行标题打造的。标题中的悬念是一个诱饵，引导短视频用户查看短视频的内容，因为大部分人看到标题里有没被解答的疑问和悬念时，就会忍不住想进一步弄清楚到底是怎么回事。这就是悬念制造型标题的套路。

悬念制造型标题在日常生活中运用得非常广泛，也非常受欢迎。人们在看电视、综艺节目的时候也经常会看到一些节目预告之类的广告，这些广告就会采取这种悬念制造型的标题引起观众的兴趣。利用悬念编写标题的方法通常有 4 种，如图 9-12 所示。

利用悬念编写标题的常见方法
- 利用反常的现象制造悬念
- 利用变化的现象制造悬念
- 利用用户的欲望制造悬念
- 利用不可思议现象制造悬念

图 9-12　利用悬念编写标题的常见方法

悬念制造型标题的主要目的是增加短视频的可看性，因此短视频运营者需要注意的一点是，使用这种类型的标题，一定要确保短视频内容确实是能够让短视频用户感到惊奇、充满悬念的，不然就会引起短视频用户的失望与不满，继而就会让短视频用户对你的内容乃至账号失望。

悬念制造型的标题是短视频运营者青睐有加的标题形式之一，它的效果也是有目共睹的。如果不知道怎么取标题，悬念制造型标题是一个很不错的选择。

文案的悬疑制造型标题只是为了悬疑，这样一般只能够博取大众大概 1 ~ 3 次的眼球，很难保留长时间的效果。如果内容太无趣、无法达到文案引流的目的，那就是一篇失败的文案，会导致文案营销活动也随之泡汤。

因此，运营者在设置悬疑时，需要非常慎重，要有较强的逻辑性，切忌为了标题走钢索，而忽略了短视频营销的目的和短视频本身的质量。

悬念制造型标题是运用得比较频繁的一种标题形式，很多短视频都会采用这一标题形式来引起用户的注意力，从而达到较为理想的营销效果和传播效果。如图 9-13 所示，为悬念制造型标题的典型案例。

图 9-13　悬念制造型标题的典型案例

▶ 078　借势热点型标题

借势热点是一种常用的标题制作手法，借势不仅完全是免费的，而且效果还很可观。借势热点型标题是指在标题上借助社会上的一些实时热点、新闻的相关词汇来给短视频造势，增加短视频的播放量。

　　借势一般都是借助新出现的热门事件吸引用户的眼球。一般来说，实时热点拥有一大批关注者，而且传播的范围也非常广，借助这些热点，短视频的标题和内容曝光率会得到明显的提高。

　　那么在创作借势热点型短视频标题的时候，应该掌握哪些技巧呢？笔者认为，我们可以从3个方面来努力，如图9-14所示。

打造借势热点型标题的技巧

- 时刻保持对实时热点的关注
- 懂得把握标题借势的合适时机
- 将明星热门事件作为标题内容

图9-14　打造借势热点型标题的技巧

　　例如，在电视剧《使徒行者3》热播期间，许多人对该剧的相关内容进行了热烈讨论，一时间该剧便成了一个热点。而许多运营者在看到这种情况之后，顺势打造了与该剧相关的短视频，并在标题中加入了"使徒行者3"这个字眼，很显然，这便是借势热点打造的标题，如图9-15所示。

图9-15　借势热点型标题的案例

　　值得注意的是，在打造借势热点型标题的时候，要注意两个问题：一是带有负面影响的热点不要蹭，大方向要积极向上，充满正能量，带给用户正确的思想引导；二是在借势热点型标题中要加入自己的想法和创意，然后将发布的短视频与之相结合，做到借势和创意的完美同步。

▶ 079 警示用户型标题

　　警示用户型标题常常通过发人深省的内容和严肃深沉的语调给用户以强烈的心理暗示，从而给用户留下深刻印象。尤其是警示用户型的新闻标题，常常被很多短视频运营者所追捧和模仿。

　　警示用户型标题是一种有力量且严肃的标题，也就是通过标题给人以警醒作用，从而引起用户的高度注意，它通常会将警告事物的主要特征、重要功能和核心的内容移植到短视频标题中。

　　那么警示用户型标题应该如何构思和打造呢？很多人只知道警示用户型标题能够快速吸引用户的目光，但具体要如何编写却是一头雾水。笔者在这里分享3点技巧，如图9-16所示。

图 9-16　打造警示用户型标题的技巧

　　在运用警示用户型标题时，需要注意运用的短视频是否恰当，因为并不是每一个短视频都可以使用这种类型的标题。

　　这种标题形式运用得恰当，能为短视频加分，起到其他标题无法替代的作用；运用不当的话，很容易让用户产生反感情绪或引起一些不必要的麻烦。因此，运营者在使用警示用户型新闻标题的时候要谨慎小心，注意用词恰当与否，绝对不能不顾内容胡乱取标题。

　　警示用户型标题可以应用的场景很多，无论是技巧类的短视频内容，还是供大众娱乐消遣的娱乐八卦新闻，都可以用到这一类型的标题形式。如图9-17所示，为运用警示用户型标题的案例。第一个短视频中的"注意"能让用户快速锁定标题，并对短视频内容产生兴趣；而第二个短视频中的"警惕"，则既起到了警示用户的作用，又吸引了用户的注意力。

　　选用警示用户型标题这一标题形式，主要是为了提升短视频用户的关注度，大范围地传播短视频。因为警示的方式往往更加醒目，触及了短视频用户的利益。如果这样做可能会让你的利益受损，那么可能本来不想看的短视频用户，也会点击查看，因为涉及自身利益时短视频用户都是比较关心的。

图 9-17 警示用户型标题的案例

▶ 080 励志鼓舞型标题

励志鼓舞型标题比较显著的特点就是进行"现身说法"，它一般是通过第一人称的方式讲故事，故事的内容包罗万象，但总的来说通常离不开成功的方法、教训以及经验等。

如今很多人都想努力奋斗，但是却找不到奋斗动力，如果这时候给他们看励志鼓舞型短视频，让他们知道企业家是怎样打破枷锁、走上人生巅峰的，他们就很有可能对带有这类标题的内容感到好奇，因此这样的标题结构看起来具有独特的吸引力。励志鼓舞型标题模板主要有两种，如图 9-18 所示。

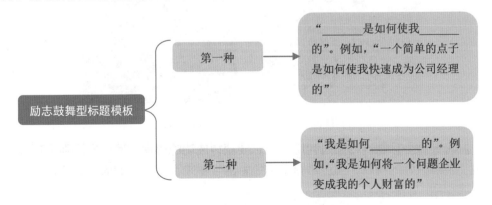

图 9-18 励志鼓舞型标题的两种模板

励志鼓舞型标题的好处在于煽动性强，容易制造一种鼓舞人心的感觉，勾起短视频用户的欲望，从而提升短视频的完播率。

那么打造励志鼓舞型标题是不是单单依靠模板就够了呢？答案是否定的，模板固然可以借鉴，但在实际操作中，还是要根据内容的不同而研究特定的励志鼓舞型标题。总的来说有 3 种经验技巧可供借鉴，如图 9-19 所示。

打造励志鼓舞型标题可借鉴的经验技巧

将改编的励志名人名言作为标题

挑选富有煽动性、情感浓厚的词语

根据不同的情景打造不同特色的标题

图 9-19　打造励志鼓舞型标题可借鉴的经验技巧

一个成功的励志鼓舞型标题不仅能够带动用户的情绪，而且还能促使用户对短视频产生极大的兴趣。如图 9-20 所示，为励志鼓舞型标题的典型案例展示，都带有较强的励志情感。

图 9-20　励志鼓舞型标题的案例

励志鼓舞型标题一方面是利用用户想要获得成功的心理，另一方面则是巧妙地掌握了情感共鸣的精髓，通过带有励志色彩的字眼来引起用户的情感共鸣，从而成功地吸引用户的眼球。

▶ 081 数字具化型标题

数字具化型标题是指在标题中呈现出具体的数字，通过数字的形式来概括相关的主题内容。数字不同于一般的文字，它会带给短视频用户比较深刻的印象，与短视频用户的心灵产生奇妙的碰撞。

在短视频文案中采用数字具化型标题有不少好处，具体体现在 3 个方面，如图 9-21 所示。

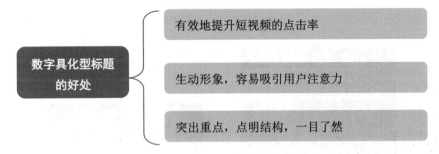

图 9-21　数字具化型标题的好处

数字具化型标题也很容易打造，它是一种概括性的标题，只要做到 3 点就可以编写出来，如图 9-22 所示。

图 9-22　编写数字具化型标题的技巧

此外，数字具化型标题还包括很多不同的类型，比如时间、年龄等，具体来说可以分为 3 种，如图 9-23 所示。

数字具化型标题比较常见，它通常采用悬殊的对比、层层的递进等方式呈现，目的是为了营造一个比较新奇的情景，对短视频用户产生视觉上和心理上的冲击。如图 9-24 所示，为数字具化型标题的案例。

事实上，很多内容都可以通过具体的数字总结和表达，只要把想重点突出的内容提炼成数字即可。同时还要注意的是，在打造数字具化型标题时，可以使用阿拉伯数字，统一数字格式，并尽量把数字放在标题前面。

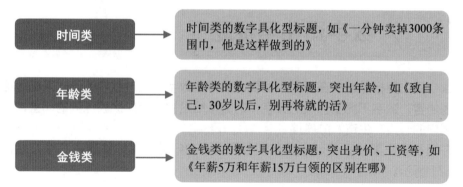

时间类	时间类的数字具化型标题，如《一分钟卖掉3000条围巾，他是这样做到的》
年龄类	年龄类的数字具化型标题，突出年龄，如《致自己：30岁以后，别再将就的活》
金钱类	金钱类的数字具化型标题，突出身价、工资等，如《年薪5万和年薪15万白领的区别在哪》

图 9-23　数字具化型标题的类型

图 9-24　数字具化型标题的案例

▶ 082　独家分享型标题

独家分享型标题，也就是从标题上体现短视频运营者所提供的信息是独有的珍贵资源，让用户觉得该短视频值得点击和转发。从短视频用户的心理方面而言，独家分享型标题所代表的内容一般会给人一种自己率先获知、别人还没有的感觉，因而在心理上更容易获得满足。

在这种情况下，好为人师和想要炫耀的心理就会驱使用户自然而然地去转发短视频，成为短视频潜在的传播源和发散地。

独家分享型标题会给用户带来独一无二的荣誉感，同时还会使得短视频内容更加具有吸引力。那么在编写这样的标题时，我们应该怎么做呢？是直接点明"独家资源，走过路过不要错过"，还是运用其他方法来暗示用户这则短视频的内容是与众不同的呢？

在这里，笔者提供3点技巧，帮助大家成功打造出夺人眼球的独家型标题，如图9-25所示。

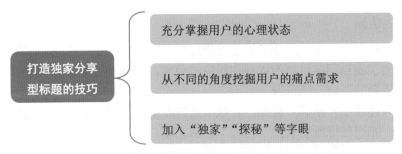

图9-25　打造独家分享型标题的技巧

使用独家分享型标题的好处在于可以吸引到更多的用户，让用户觉得短视频内容比较珍贵，从而帮你主动宣传和推广短视频，让短视频内容得到广泛的传播。如图9-26所示，为独家分享型标题的典型案例。

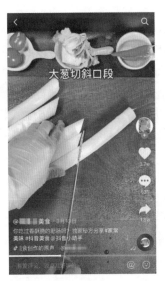

图9-26　独家分享型标题的典型案例

独家分享型标题往往也暗示着文章内容的珍贵性，因此编写者需要注意，如果标题使用的是带有独家性质的形式，就必须保证短视频的内容也是独一无二的，将独家性标题与独家性的内容相结合。

▶ 083 标题编写的误区

在撰写标题时，运营者还要注意不要走入误区。一旦标题编写失误，便会对短视频造成不可挽回的影响。本节将从标题容易出现的 6 个误区出发，介绍如何更好地编写短视频标题。

1. 表述含糊

在撰写标题时，要注意避免为了追求标题的新奇性而出现表述含糊的现象。很多运营者为了使自己的标题更加吸引用户的目光，一味地追求标题上的新奇，这可能会导致标题的语言含糊其辞。

何为表述含糊？所谓"含糊"，是指语言不确定，或者表达方式或表达的含义模棱两可。如果在标题上表述"含糊"，那么用户看到标题后可能完全不知道运营者想要说什么，甚至觉得整个标题都很乱，完全没有重点。

因此，在撰写标题时，运营者要注意标题表达的清晰性，重点要明确，要让用户在看到标题的时候，就能知道短视频内容大致讲的是什么。一般来说，要想表述清晰，就要做到找准内容的重点，明确内容中的名词，如人名、地名和事件名等。

2. 无关词汇

一些运营者为了让自己的标题变得更加有趣，而使用一些与标题没有多大联系，甚至是根本没有关联的词汇，想以此达到吸引用户注意力的目的。

这样的标题可能在刚开始时能引起用户的注意，但时间一久，用户便会拒绝这样随意添加无关词汇的标题。这样的结果所造成的影响对于一个品牌或者运营者来说是长久的。所以，运营者在撰写标题时，一定不要将无关词汇使用到标题当中去。在标题中使用无关的词汇，也有很多种类型，如图 9-27 所示。

```
在标题中使用无关词汇        玩与内容主题无关的文字游戏
的类型
                         使用无意义、无关联的双关语

                         使用与要表达的主题无关的噱头
```

图 9-27　在标题中使用无关词汇的类型

在标题的撰写当中，词汇的使用一定要与短视频标题和内容有所关联，运营者不能为了追求标题的趣味性就随意乱用无关词汇，而应该学会巧妙地将词汇与标题的内容紧密结合，使词汇和标题内容融会贯通，相互照应，只有做到这些，才算得上是一个成功的标题。否则，不仅会对用户造成一定程度的欺骗，也会让运营者变成所谓的"标题党"。

3. 负面表达

撰写一个标题，其目的就在于吸引用户的目光，只有标题吸引了用户的注意，用户才会想要去查看短视频的内容。基于这一情况，也会让标题出现了一味追求吸睛而大面积使用负面表达的情况。

人天生愿意接受好的东西，而不愿意接受坏的东西，趋利避害，是人的天性。这一情况也提醒运营者在撰写标题时要尽量避免太过负面的表达方式，而要用正面的、健康的和积极的方式表达出来，给用户一个好的引导。

例如，在表示食用盐时，可以采用"健康盐"的说法，如《教你如何选购健康盐》，而要避免使用"对人体有害"这一负面情况的表达，这样才能让短视频内容和产品更容易被用户接受。

4. 虚假自夸

运营者在撰写标题时，虽说要用到文学中的一些手法，比如夸张、比喻等，但这并不代表就能毫无上限地夸张，把没有的说成有的，把虚假的说成真实的。在没有准确数据和调查结果的情况下冒充"第一"，这在标题的撰写中是不可取的。

运营者在撰写标题时，要结合自身品牌的实际情况，来进行适当的艺术上的描写，而不能随意夸张，胡编乱造。如果想要使用"第一"或者意思与之差不多的词汇，不仅要得到有关部门的允许，还要有真实的数据调查。如果随意使用"第一"，不仅对自身品牌形象有不好的影响，还会对用户造成欺骗和误导。当然，这也是法律所不允许的。

5. 比喻不当

比喻式的短视频标题能将某事物变得更具体和生动，具有化抽象为具体的强大功能。所以，采用比喻的形式撰写标题，可以让用户更加清楚地理解标题中出现的内容，或者是运营者想要表达的思想和情绪。这对于提高短视频的相关数据能起到十分积极的作用。

但是，在标题中运用比喻，也要注意比喻是否得当的问题。一些运营者在用比喻式的标题来吸引用户目光时，常常会出现比喻不当的情况，也就是指本体和喻体没有太大联系，甚至毫无相关性的情况。

在标题之中，一旦比喻不当，运营者就很难在短视频标题中达到自己想要的效果，那么标题也就失去了它存在的意义。这不仅不能被用户接受和喜爱，还可能会因为比喻不当，让用户产生怀疑和困惑，从而影响短视频的传播效果。

6. 强加于人

强加于人，就是将一个人的想法或态度强行加到另一个人身上，不管对方喜不喜欢、愿不愿意。在撰写标题时，"强加于人"就是指运营者通过"一定""必须"等词汇将本身或者某一品牌的想法和概念植入到标题中，强行灌输给用户，强制让用户认同。如图9-28所示，为两个短视频的相关画面，这两个短视频的标题看上去就给人一种气势凌人的感觉，就好像标题中的观点是不容反驳的。

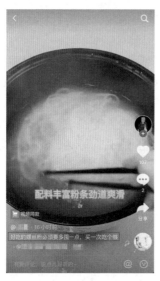

图9-28 强加于人的短视频标题

当一个标题太过气势凌人时，用户不仅不会接受该标题所表达的想法，还会产生抵触心理——越想让用户看，用户就越不会看；越想让用户接受，用户就越不接受。如此循环往复，遭受损失的还是运营者自己。

第10章

视觉文案：
提高视频的营销效果

在进行短视频视觉营销时，如何创作出有新意的短视频文案，是每个运营者都必须重点把握的内容。简言之，在文案编写过程中，不同的写作形式能给用户不同的视觉效果。本节主要介绍各类短视频文案的编写技巧，帮助大家获得更好的视觉营销效果。

▶ 084　主题文案

在进行文案设计时，短视频运营者一定要明确主题，而且还要在视觉表达上突出主题，让用户直接接收到你想要传达的信息。因此，主题文案的表达需要做到简洁大方、效果显著和开门见山。

通常来说，为了突出文案的主题，运营者可以在短视频的封面，或者短视频的第一个画面中重点展示主题。如图 10-1 所示，为两个短视频的第一个画面，可以看到这两个画面中便是通过大字号的文字，对主题信息进行了展示。

图 10-1　在短视频的第一个画面中重点展示主题信息

除此之外，运营者还可以在短视频中强调文案的主题。例如，可以把文案主题放置在短视频的显眼位置，让用户看到短视频之后便能快速把握主题。如图 10-2 所示，为某短视频的相关画面，可以看到该短视频便是将主题信息固定放置在画面的上方。因为在该短视频播放的过程中，主题信息一直在显示，所以用户看到该短视频之后，很容易就能把握住主题。

当然，一般的商品营销类短视频的主题都是围绕营销展开的，所以短视频中通常会有促销、优惠、打折和满减等信息。此时，运营者便可以在短视频中重点展示这些信息，让用户在快速了解主题的同时，被短视频中的福利吸引，从而更好地提高用户的购买欲。

如图 10-3 所示，为两个营销类短视频的相关画面，可以看到画面中便重点展示了产品的打折信息。

当然，在突出主题的时候，还要注意一些事项，不然只会造成视觉效果的混乱。如图 10-4 所示，为设计主题突出的视觉效果时应该注意的问题。

图 10-2　在短视频中强调文案的主题

图 10-3　在短视频画面中重点展示打折信息

设计主题突出的视觉效果时应该注意的问题

- 文案内容要大于其形式
- 文案细节不可过多，以免影响阅读
- 文案结构要层次分明，主次关系明了

图 10-4　设计主题突出的视觉效果时应该注意的问题

▶ 085 话题文案

话题文案，就是指围绕某个话题打造文案，或者借助话题进行营销推广的文案。运营者要想做好话题文案，需要做好两方面的工作：一是学会如何在短视频中添加话题；二是为短视频选择合适的话题。

每个短视频中添加话题的方法不尽相同，下面笔者就以抖音为例，对添加短视频话题的具体操作进行说明。

步骤 01 在抖音中拍摄或上传短视频，进入"发布"页面，点击页面中的"#话题"按钮，如图10-5所示。

步骤 02 操作完成后，页面中便会出现"#"，如图10-6所示。

图10-5 点击"#话题"按钮　　　图10-6 页面中出现"#"

步骤 03 运营者只需在"#"后方输入具体的话题即可，如"抖音电商"，如图10-7所示。

步骤 04 设置短视频的相关信息，点击页面中的"发布"按钮，发布短视频。短视频发布之后，如果该短视频的播放页面中出现了话题，就说明话题设置成功了，如图10-8所示。

对于大多数运营者来说，添加短视频话题并不难，只要根据平台操作即可，真正难的是为短视频找到并设置合适的话题。那么如何才能为短视频找到并设置合适的话题呢？笔者认为主要有两种方法：一是查找热门话题，并将话题添加到文案中；二是根据目标用户设置话题。

大多数短视频平台中都有专门的热门话题板块，板块中的话题都是平台用户关注的焦点。因此，如果能在短视频文案中添加这些热门话题，便能快速地吸引许多用户的目光。

图 10-7　输入话题

图 10-8　话题设置成功

以抖音短视频平台为例，运营者只需点击"首页"页面中的 图标，便可在新跳转出的页面中查看"抖音热榜"，如图 10-9 所示。该榜单中的内容，通常就是抖音短视频平台的热点话题。

图 10-9　查看"抖音热榜"

而根据目标用户设置话题，就是根据用户的特征设置与其相关的话题。例如，在穿搭类营销短视频中，运营者便可以加入"小个子穿搭""微胖女生"等话题，如图10-10所示。这样一来，小个子女生和微胖女生看到话题之后，就会想要查看短视频内容。

图10-10　根据目标用户的特征设置话题

▶ 086　读心文案

　　读心文案就是专门针对用户的实际需求打造内容的一种短视频文案形式。在创作读心短视频文案时，运营者要学会读懂用户的心思，这样才能让文案内容对用户更有吸引力。

　　了解短视频用户需求的方法有很多，其中比较实用的一种方法就是通过搜索关键词，了解平台中用户经常查看的内容。例如，在抖音搜索栏中输入"女装"，便可以看到许多与"女装"相关的关键词，而这些关键词对应的内容也就是该平台用户经常查看的内容，如图10-11所示。

　　在了解了用户的需求之后，运营者就可以从用户的需求出发来打造短视频文案内容了。例如，在打造女装营销类短视频文案时，运营者可以从为用户推荐穿搭的角度来展示女装，如图10-12所示。这样一来，运营者的短视频就能吸引对女装穿搭感兴趣的用户的关注，而且如果你展示的穿搭足够打动人，用户也会更加愿意购买你在短视频中穿搭的女装。

图 10-11 输入"女装"可以看到的关键词

图 10-12 从穿搭的角度来展示女装

　　另外，不同的用户需求不同，运营者要学会结合用户需求打造目标用户需要的文案内容。例如，即便同样是洁面皂，运营者也可以针对抑制长痘和除螨等需求，打造不同的文案，如图 10-13 所示。

　　同时，运营者还可以适时地加入销售信息，以增强用户的消费欲望。例如，可以将购买链接放置在短视频中，为用户购买产品提供便利。

　　如图 10-14 所示，为添加了购买链接的短视频，用户只需点击该链接便可了解产品的相关信息。有需要的用户甚至还可以点击"去淘宝看看"按钮，前往淘宝平台购买该产品。

图 10-13　根据不同需求打造的洁面皂文案

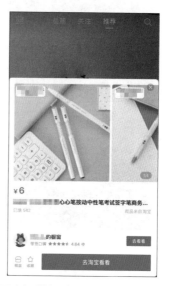

图 10-14　添加购买链接为用户提供便利的短视频

▶ 087　促销文案

促销文案是短视频中比较常见的一种文案形式，通常来说，促销文案具有以下几个特征，如图 10-15 所示。

文案中的字体醒目，能引起用户的注意

文案内容的设计能制造出紧张的气氛

促销文案的主要特征

在文案中能体现出促销物品的价值

文案有亮点，能第一时间抓住用户的目光

图 10-15　促销文案的主要特征

如图 10-16 所示，为某促销文案的相关画面，可以看到其中的"促销"等字眼特别醒目，而且图中的"50% OFF"（即商品打五折），也能快速吸引用户的目光。所以，在看到该文案之后，许多人马上就被吸引了。

图 10-16　某促销文案的相关画面

当然，一则文案要想获得更好的营销效果，还得让用户愿意下单购买产品。通常来说，优惠价格比较容易吸引用户下单。因此，运营者便可以通过促销文案来突出产品在价格上的优惠力度。

具体来说，运营者可以直接展示促销时产品的折扣力度，或者通过价格对比，让用户看到此次促销的优惠空间。

如图 10-17 所示，为两则促销类短视频文案的相关画面，可以看到这两条短视频中便是通过原价和现价的对比，来凸显"当前"价格的优惠，从而引导用户下单购买产品或服务的。

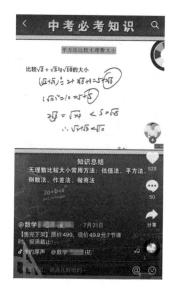

图 10-17　通过原价和现价的对比凸显价格的优惠

▶ 088　卖点文案

　　卖点文案就是竭力突出短视频中的卖点，包括短视频内容的卖点和产品的卖点，让用户看到文案之后，更有兴趣查看短视频内容或购买短视频中的产品。运营者要想写好卖点文案，除了要了解产品针对的目标人群和短视频自身的卖点之外，还应掌握卖点文案必须具备的特征。卖点文案的主要特征，如图 10-18 所示。

图 10-18　卖点文案的主要特征

　　不同的卖点文案，打造的方法也不相同。如果是商品类的卖点文案，那么只需在文案中体现出商品的优势即可。如图 10-19 所示，为某口红的卖点短视频文案，因为该口红的同心锁外包装造型比较独特，所以该短视频中便将其外包装造型作为主要的卖点。

　　如果是将短视频内容作为卖点来吸引用户，那么便要让用户快速地看到短视频的价值。因此，运营者可以体现出短视频内容对用户的用处。例如，可以将用户用得上的一些技巧作为卖点来打造短视频。如图 10-20 所示，为将生活小技巧作为卖点的短视频文案。

图 10-19　将口红外包装作为卖点的短视频文案

图 10-20　将生活小技巧作为卖点的短视频文案

▶ 089　活动文案

大多数人制作活动文案时通常是带有一定目的的，这个目的可以分为很多种，下面笔者以图解的形式进行具体分析，如图 10-21 所示。

制作活动文案
的目的

通过文案提升商品的转化率

通过文案更好地打造品牌形象

对消费者起到教育和感化的作用

图 10-21　制作活动文案的目的

不同的活动文案操作方法也有所不同，如果只是要将活动的消息告知用户，那么在打造活动文案时，只需重点凸显"活动"这个字眼，并且将活动的重点信息传达给用户即可。

如图 10-22 所示，为某短视频活动文案的相关画面，可以看到该短视频中便对"活动"这个字眼进行了重点展示，并对活动的时间进行了说明。

图 10-22　将活动信息告知用户

如果运营者是想更好地吸引用户参与活动，则可以将活动中的一些福利和玩法告知用户，让用户觉得参与活动能够获得实实在在的好处。如图 10-23 所示，为两条短视频活动文案的相关画面，这两条短视频中便是通过对活动的福利和玩法进行重点展示来吸引用户的。

另外，无论是哪种活动，都有一个期限。在制作活动文案时，运营者便可以借助活动期限，制造紧张氛围，让更多的用户在活动期间参与进来，购买相关产品，从而增强文案的营销效果。

图 10-23　对活动的福利和玩法进行重点展示

例如，在抖音直播中，运营者通过秒杀销售商品时，可以设置一个秒杀的时间，并且该时间设置了之后，直播商品销售页面中会显示秒杀倒计时，如图 10-24 所示。对此，运营者便可以进行一场抖音直播秒杀，并通过短视频文案将秒杀的活动时间告知用户。

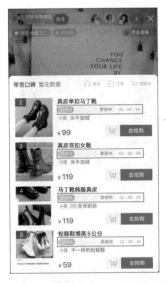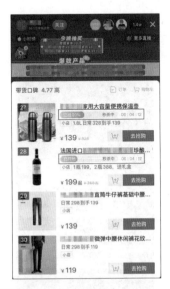

图 10-24　抖音直播秒杀的商品显示了倒计时

▶ 090　节日文案

对于运营者和企业而言，节假日是少有的能够吸引大量消费者的时期，所以在这一时间段开展相关活动往往能够起到事半功倍的效果，因而文案的作用也就更加突出，相关内容分析如图 10-25 所示。

节日活动文案的作用
- 合理地利用消费者的休闲时间
- 有利于策划相关产品的营销活动
- 有利于通过文案统筹营销活动
- 有利于提升营销活动的效果

图 10-25　节日活动文案的作用

节日文案相对于其他文案而言，会增添一些节日的特色，营造浓厚的节日气氛，如中秋节会围绕"家庭""团圆"和"美好"等主题进行文案的设计，春节就会撰写比较热闹、温情的文案，端午节则会在文案中提到与历史有关的内容。总之，不同的节日文案有不同的主题和风格，但总体而言离不开节日氛围的打造。

打造节日文案主要有两种，一种是对节日的相关信息进行说明，并表达节日祝福，如图 10-26 所示。

图 10-26　对节日的相关信息进行说明和表达祝福的节日文案

另一种是围绕节日，为用户提供一些实用的技巧。如图 10-27 所示，为两条中秋短视频文案的相关画面，可以看到这两条短视频中就是通过提供中秋摄影技巧和儿童主题画绘制技巧，来吸引用户目光的。

图 10-27　围绕节日为用户提供实用的技巧

在实际操作中，运营者只需根据自身实际情况选择节日文案的操作方案即可。但是，通常来说，围绕节日为用户提供实用技巧取得的营销效果要好一些，因为节日时大多数短视频账号都会发布祝福类短视频，所以这类短视频很难做出特色，而且用户看了几条同类视频之后，也就不会对这类短视频感兴趣了。

▶ 091　新品文案

新品文案的创作主要是以产品为中心，围绕产品来打造文案内容。常见的新品文案内容通常包括产品分析、测评和推广等。

很多新品推出之时，都是重点展示该新品的卖点，并通过卖点来吸引用户的目光，激发用户的购买欲望。如图 10-28 所示，为某新款手机的短视频文案，可以看到该短视频中便对"66W 超级快充""6400 万超清四摄"等卖点进行了重点展示，从而吸引用户购买该款手机的。

除了对新品的卖点进行重点展示之外，运营者还可以通过新品预告文案，为新品的推出造势，吸引更多用户关注新品。如图 10-29 所示，为两条新品预告文案短视频，这两个短视频便将重点放在了"新品即将上线"上，让新品还未推出，便可获得一部分用户的关注。

图 10-28 对新品的卖点进行重点展示

图 10-29 预告文案为新品造势

　　新品文案是每个商家在推出新品时都不能忽视的，因为新产品的成功与否往往取决于文案视觉效果的设计，如果没有抓住卖点或者打造出富有特色的卖点，那么新品将难以突围成功。

▶ 092　连载文案

　　连载文案，就是针对某一内容持续推出多篇文案，让用户对该内容有更详尽的

了解。如图 10-30 所示，为某短视频运营者发布的短视频连载文案，可以看到这
两条短视频文案中的文字介绍信息基本是相同的，只是用"（一）""（二）"来
显示内容的先后顺序，让用户明白这是连载文案。

图 10-30　某短视频运营者发布的连载文案

另外，因为连载文案是通过多篇文案对同一内容进行说明的，所以运营者还得
通过一些方法让用户持续关注文案内容。例如，可以将一些悬念留到之后的文案中，
并在文案文字说明中用"请听下回分解"之类的话语引导用户关注下一篇文案，如
图 10-31 所示。

图 10-31　引导用户关注下一篇文案

▶ 093 　编写禁忌

与硬广告相比，短视频电商文案不仅可以提高品牌的知名度、美誉度，同时发在门户站点的文案更能增加网站外链，提升网站权重。然而，想要撰写出一个好的短视频文案并非易事，它对运营者的专业知识和文笔功底有着很高的要求。

不少运营人员和文案编辑人员在创作文案时，往往因为没有把握住文案编写的重点事项而以失败告终。下面就盘点一下文案编写作过程中需要注意的 6 大禁忌事项。

➤ 1. 中心不明，乱侃一通

有的运营者在创作文案时，喜欢兜圈子，可以用一句话表达的意思非要反复强调。这样不但降低了文案内容的可读性，还可能会使用户嗤之以鼻。尽管短视频文案是广告的一种，但是它追求的是"润物细无声"，在无形中将所推广的信息传达给目标客户，过度地说空话、绕圈子，会有吹嘘之嫌。

此外，文案是为推广服务的，因而每篇文案都应当有明确的主题和内容焦点，并围绕该主题和内容焦点进行文字创作。然而，有的运营者在创作文案时偏离了主题和内容焦点，乱侃一通，导致用户一头雾水，营销力也就大打折扣了。

➤ 2. 记流水账，没有亮点

文案写作不需要有很多特点，只需要有一个亮点即可，这样的文案才不会显得杂乱无章，并且更能扣住核心。不管怎样的文案，都需要选取一个细小的点来展开脉络，总归一个亮点，才能将文字有主题地聚合起来，形成一个价值性强的文案。

如今，很多文案在传达某一信息时，看上去就像记"流水账"一般，毫无亮点，这样的文案其实根本就没有太大的价值，并且这样的文案内容较多，往往导致可看性大大降低，让用户不知所云。

➤ 3. 有量没质，当成任务

文案相对其他营销方式成本较低，成功的文案也有一定的持久性，一般文案成功发布后就会始终存在，除非发布的那个平台倒闭了。当然始终有效，并不代表马上就能见效，于是有的运营者一天会发几十个文案到平台上。

事实上，文案营销并不是靠数量就能取胜的，更重要的还是质量，一个高质量的文案胜过十几个一般的文案。然而事实却是，许多短视频运营者把短视频文案的发布当成一个任务，为了保证推送的频率，宁可发一些质量相对较差的文案。

比如，有的抖音号几乎每天都发布短视频，但是，自己的原创内容却很少。而这种不够用心的文案推送策略，导致的后果往往就是内容发布出来之后没有多少人看。

除此之外，还有部分运营者仅仅将内容的推送作为自己要完成的一个任务，只是想着要按时完成，而不注重内容是否可以吸引到目标用户。甚至于有的运营者会将完全相同的文案内容，进行多次发布。这一类的文案，质量往往没有保障，并且点击量等数据也会比较低，如图10-32所示。

图 10-32　点击量等数据偏低的文案

针对"求量不求质"的运营操作误区，运营者应该怎样避免呢？办法有两个，具体如下。

- 加强学习，了解文案营销的流程，掌握文案撰写的基本技巧。
- 聘请专业的文案营销团队，因为他们不像广告公司和公关公司那样业务范围比较广，他们专注于文案撰写，文案质量很高。

4. 书写错误，层出不穷

众所周知，报纸杂志在出版之前，都要经过严格审核，保证文章的正确性和逻辑性，尤其是涉及重大事件或国家领导人，一旦出错就需要追回重印，损失巨大。虽然短视频文案的书写错误不会有这么大的影响，但是也会影响用户对短视频内容的第一印象。文案常见的书写错误包括文字、数字、标点符号以及逻辑错误等方面，运营者必须严格校对，防止书写错误的出现。

（1）文字错误。文案中常见的文字错误为错别字，例如一些名称错误，包括企业名称、人名、商品名称和商标名称等。对于文案尤其是营销文案来说，错别字可能会影响文案的质量，这种错误在报纸中显得尤为重要。

例如，报纸的定价，有些报刊错印成了"订价"，还错误地解释为"订阅价"不是报纸完成征订后的实际定价，好像发布广告时是一个价，到了订报纸时是另一个价，这是不符合实际的。

如图 10-33 所示的短视频文案中，便是多次将"坐"写成了"做"，这很容易让用户觉得你在制作短视频文案时不够用心。

图 10-33　多次出现文字错误的文案

（2）数字错误。参考国家《关于出版物上数字用法的试行规定》《国家标准出版物上数字用法的规定》及国家汉语使用数字的有关要求，数字使用有 3 种情况：一是必须使用汉字；二是必须使用阿拉伯数字；三是汉字和阿拉伯数字都可用，但要遵守"保持局部体例上的一致"这一原则，而在短视频文案中错得比较多的就是第三种情况。

例如"1 年半"，应为"一年半"，"半"也是数词，"一"不能改为"1"；再如，夏历月日误用阿拉伯数字："8 月 15 中秋节"，应改为"八月十五中秋节"；"大年 30"应改为"大年三十"；"丁丑年 6 月 1 日"应改为"丁丑年六月一日"。还有世纪和年代误用汉字数字。如"十八世纪末""二十一世纪初"，应写为"18世纪末""21 世纪初"。

此外，较为常见的还有数字丢失，如"中国人民银行 2020 年第一季度社会融资规模增量累计为 11.08 亿元"。我们知道，一个大型企业每年的信贷量都在几十亿元以上，那么整个国家的货币供应量怎么可能才"11.08"亿元？所以，根据推测应该是丢失了"万"字，应为"11.08 万亿元"。

（3）标点错误。无论在哪种文章中，标点符号错误都是应该尽力避免的，在文案创作中，常见的标点错误包括以下几种。

一是引号用法错误。这是标点符号使用中错得比较多的内容。不少报刊对单位、机关、组织的名称，产品名称、牌号名称都用了引号，其实，只要不发生歧义，名称一般不用引号。

二是书名号用法错误。证件名称、会议名称（包括展览会）不用书名号。但有的报刊把所有的证件名称，不论名称长短，都用了书名号，这是不合规范的。

三是分号和问号用法错误。这也是标点符号使用中错得比较多的。主要是简单句之间用了分号：不是并列分句，不是"非并列关系的多重复句第一层的前后两部分"，不是分行列举的各项之间，都使用了分号，这是错误的。还有的两个半句，合在一起构成一个完整的句子，但中间也用了分号。有的句子已经很完整，与下面的句子并无并列关系，该用句号，却用成了分号，这也是不对的。

（4）逻辑错误。所谓逻辑错误，是指文案的主题不明确，全文逻辑关系不清晰，存在语意与观点相互矛盾的情况。

5. 脱离市场，闭门造车

文案多是关于企业产品和品牌的内容，这些产品和品牌是处于具体市场环境中的产品，其所针对的目标也是处于市场环境的具有个性特色的消费者，因此，脱离市场闭门造车，其结果必然是失败的。

所以，在编写和发布文案时，运营者必须进行市场调研，了解产品情况，才能写出切合实际、能获得消费者认可的文案。在文案编写过程中，应该充分了解产品，具体分析如图 10-34 所示。

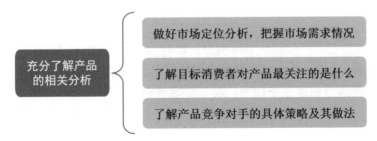

图 10-34 充分了解产品的相关分析

而从消费者方面来说，应该迎合消费者的各种需求，关注消费者的感受。营销定位大师特劳特曾说过："消费者的心是营销的终极战场。"那么文案也要研究消费者的心智需求，也要从这里出发，具体内容如下。

（1）安全感。人是趋利避害的，内心的安全感是最基本的心理需求，把产品的功用和安全感结合起来，是说服客户的有效方式。

比如，新型电饭煲的平台销售文案说，这种电饭煲在电压不正常的情况下能够自动断电，能有效防范用电安全问题。这一要点的提出，对于关心电器安全的家庭主妇来说一定是个攻心点。

（2）价值感。得到别人的认可是一种自我价值实现的满足感。将产品与实现个人的价值感结合起来可以打动客户。脑白金打动消费者掏钱的恰恰是满足了他们孝敬父母的价值感。

例如，销售豆浆机的文案可以这样描述："当孩子们吃早餐的时候，他们多么渴望不再去街头买豆浆，而喝上刚刚榨出来的纯正豆浆啊！当妈妈将热气腾腾的豆浆端上来的时候，看着手舞足蹈的孩子，哪个妈妈会不开心呢？"一种做妈妈的价值感油然而生，会激发为人父母的消费者的购买欲。

（3）支配感。"我的地盘我做主"，每个人都希望表现出自己的支配权利来。支配感不仅是对自己生活的一种掌控，也是源于对生活的自信，更是文案要考虑的出发点。

（4）归属感。归属感实际上就是标签，你是哪类人，无论是成功人士、时尚青年，还是小资派、非主流，每个标签下的人要有一定特色的生活方式，他们使用的商品、他们的消费都表现出一定的亚文化特征。

比如，对追求时尚的青年，销售汽车的文案可以写："这款车时尚、动感，改装也方便，是玩车一族的首选。"对于成功人士或追求成功的人士可以写："这款车稳重、大方，开出去见客户、谈事情比较得体，也有面子。"

6. 不能坚持，难以取胜

文案营销的确需要通过发布文案来实现，如果把平台文案运营比作一顿丰盛的午餐，那么文案的干货内容就是基本的食材，文案的编写是食材的相互组合和制作，文案的发布就是餐盘的呈现顺序和摆放位置，这些都是需要有全盘策划的，平台文案营销也是如此。

文案营销需要有一个完整的整体策划，需要根据企业的行业背景和产品特点策划文案营销方案，根据企业的市场背景做媒体发布方案，文案创意人员策划文案等，而不仅仅是文案的发布这一个动作。关于文案的策划流程，具体介绍如图 10-35 所示。

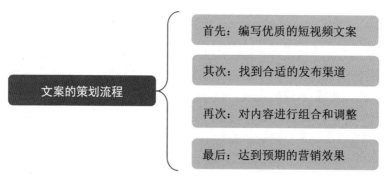

图 10-35　文案的策划流程

对于文案营销推广，有的人一天发好多篇，天天都在发；但也有的人一年发一次、两次。笔者了解到，许多短视频电商运营者觉得文案可以带来一些口碑，但是直接带来的客户还是比较有限的，因此许多人只是在工作之余才发几篇文案。

其实，文案营销是一个长期的过程，别想着只发一个文案就能带来多少流量，带来多少效益，也不是"三天打鱼，两天晒网"，不是今天发十个，下个月想起来了再发几个，毫无规律。

文案营销，从实质上来说，并不是直接促成成交的推广，但长期有规律的文案发布可以提升运营者的形象，提高潜在顾客的成交率。所以，要想让文案营销对用户产生深刻影响，还得长期坚持文案推送。

潜在顾客一般是通过广告认识企业，但让他们下定购买决心的往往是长期的文案催化，当用户长期见到这个品牌文案时，就会不知不觉地记住它，潜意识里会形成好印象，所以当用户需要相关产品时，就会购买了。

因此，在短视频平台的运营中，文案的编写和发布是不能缺乏长期坚持的，"坚持就是胜利"对文案营销而言，并不只是说说而已，它要求运营者去具体地实施，并在这一过程中获取胜利的目标。对于坚持而言，它有两个方面值得运营者注意，一是方向的正确性，二是心态与行动的持续性。

（1）方向的正确性。只有保证在坚持的过程中方向的正确性，才不会有与目标南辕北辙的情况出现，才能尽快地实现营销目标。在短视频文案营销中，方向的正确性具体可表现在对市场大势的判断和营销技巧、方式的正确选择上。

（2）心态与行动的持续性。在短视频文案营销过程中，必须在心态上保持不懈怠、行动上继续走下去才能更好地获得成功。运营者要想获得预期的营销效果，坚持不懈的经营可以说是不可或缺的。

第 11 章

视觉画面：
视频内容要引人入胜

在进行短视频视觉营销的过程中，视频画面给人的感受非常关键。如果视频画面让人提不起兴趣，那么大部分用户在看到你的短视频之后都会选择离开。在这种情况下，短视频视觉营销的效果就难以得到保障了。

那么，运营者要如何打造引人入胜的视频内容，提高视觉营销的效果呢？这一章就来回答这个问题。

▶ 094 画面清晰美观

用户在观看短视频时，会根据自己的感受直接决定是否继续看下去。如果短视频画面不够清晰美观，那么很多用户会觉得视觉效果太差了，看不下去。而要想让短视频的画面更加清晰美观，运营者必须要做到以下 4 点。

1. 画面清晰

用户之所以喜欢看短视频，主要就是因为他们能够通过短视频画面直观地把握许多信息。而当短视频画面不够清晰时，用户不好把握短视频画面中的细节信息，在这种情况下，用户很难有耐心看完短视频内容。

如图 11-1 所示，为两个短视频的相关画面，可以看到这两个短视频的画面都是比较模糊的，用户不看短视频中的标题和相关说明文字，甚至都不知道短视频要讲的是什么。这种画质的短视频，大多数用户是没有耐心看下去的。

图 11-1　画面模糊的短视频

2. 画面整洁

画面整洁与否也很重要，如果画面看上去比较整洁，画面给人的整体感觉比较好；反之，如果画面中的物体比较杂乱，用户会觉得整个画面看上去都是乱七八糟的。

如图 11-2 所示，为两个短视频的画面，可以看到这两个短视频中的物体都是比较杂乱的。许多用户看到画面中有些杂乱的各种物体之后，会觉得整个画面很不好看，而在这种情况下，用户很有可能就会将这两个短视频划过。

图 11-2　画面中物体杂乱的短视频

3.　没有水印

运营者尽量不要直接将搬运过来的短视频进行发布，因为许多平台都注重对原创的保护，发布过的短视频都会自动带上水印。如果运营者将搬运过来的短视频直接发布，短视频画面中就会显示水印。

如图 11-3 所示，为某短视频的相关画面，可以看到画面的左上方和右下方都带有水印。有水印的画面本身就不太美观，再加上很多搬运的短视频都不是原创的，所以用户在看到带有水印的短视频之后，心中就会产生排斥情绪。

图 11-3　带有水印的短视频画面

➤ 4. 色彩搭配合理

色彩搭配合理可以让短视频画面更加美观，让用户获得更好的观看体验。如图 11-4 所示，为两个短视频的相关画面，可以看到，这两个短视频画面中都出现了多种不同的色彩，而且整个画面的色彩搭配也比较合理。所以，用户看到这两个短视频画面之后就会觉得画面比较美观，并且想要将短视频看完。

图 11-4　色彩搭配合理的短视频画面

▶ 095 人设标签独特

"人设"，从字面上可以知晓其含义，就是对人物形象的设定。人设一词起初是动漫、漫画和影视中的专业词汇，主要是指给特定的对象设定其人物性格、外在形象和造型特征等。

现在，人设这个词开始不断地出现在公众视线中，它也成为人际交往中一直被提及的一个概念。在日常生活中，人设的传播效果能够在一定程度上影响现实中的人际交往关系。

人设经营以及对人设崩塌的应对，开始成为我们人际交往中必须思考的问题。现在，人设的用途有了更广的范围，它不再只是单纯地用在动漫、漫画上面，而是开始出现在现实生活中的方方面面。

人设的作用和功能开始显现，在娱乐圈中，人设已经成为一种最常见的包装、营销手段，许多艺人都贴上某一种或多种人设标签。例如，某明星的"高情商""温柔"人设；某明星的"音乐天才"人设等。

这些和实际情况相符合的人设，让艺人们更具有识别度和认知度，能够不断地加深他们的形象风格，扩大他们的影响力。当然，演艺圈里更多的还是根据观众的需要，主动贴合观众和粉丝的喜好，从而创造出某种人设。这是因为艺人们可以通过创造人设，丰富自己的形象，让观众对其产生深刻印象，从而保证自己拥有一定的流量。

而短视频运营者，在某种程度上也和明星艺人有着相似之处，他们都是粉丝簇拥的公众人物，都需要粉丝的关注和追随，以便更好地展现出自己的形象、拓宽自己的影响力。

这也表明，运营者要想让短视频的画面更加吸引用户的目光，让视觉营销获得更好的效果，有必要在短视频中树立自己的人设。因为只有通过准确的人物设定形象，才会有用户来发现、了解你，让用户持续关注你发布的短视频内容。

和那些有自己人设标签的运营者相比，一些没有树立起鲜明人物形象的运营者就会显得缺乏记忆点。也正因如此，现在做短视频运营的运营者很多，但是能被大众记住的却只有少数比较有个人特点，或者说有个人人设标签的运营者。

由此，大家可以初步认识到人设的力量是无穷的，人设的影响力也是无形的。所以，运营者需要明白，树立好自己的人设，在吸粉、引流中是起重要作用的。只有学会运用人设去抓住用户的目光，让用户对你的短视频内容感兴趣，才能让短视频视觉营销获得更好的效果。那么，如何进行人设的经营和打造呢？接下来笔者就来讲解具体的方法。

1. 人设的经营方法

对于运营者来说，不仅要确定好自己的人设，还要学会如何去经营人设，这样才可以保证自身树立的人设，能够获得更好的传播效果，达到自己想要的目的。

人设的经营是一项需要用心去做的事情，只有这样才能使自己的人设成功树立起来。具体来说，运营者可以从4个方面做好人设的经营，具体如下。

1）选择符合本身性格、气质的人设

运营者应该根据自己的实际情况来挑选和塑造人设，这样根据人设打造的短视频才能起到较好的传播效果，如果人设和自身的真实性格差别较大，很容易导致传播效果出现偏离。此外，如果树立的人设和自己的性格相差太大，也容易出现人设崩塌的可能性。

2）根据自身人设采取实际行动

实际行动永远比口头上说一百次的效果更好，在向外界树立起自己的人设后，运营者要根据自身人设采取实际行动，这样你的人设才会有可信度，这也是人设经营中的基础和关键之处。

3）根据他人的反馈及时调整

人设传播效果的直接体现就在于他人对于某人设的反馈情况，所以运营者可以了解身边的工作人员和朋友对自身人设的反应。这样运营者可以及时地对自身人设进行一些合理的改进和调整，尤其是可以及时地更新人设形象，使它更加符合大众想看到的模样。

4）开发、树立多方面的人设

单一的人设虽然安全，在经营上也比较轻松，但是这可能会使人物形象过于单调、片面。毕竟人的性格本身就是多样化的，开发、树立多面的人物设定，可以让人物的形象更加饱满，使人物的形象更有真实感，让用户在看到短视频中的人物时觉得更加自然。

这种多方面的人物设定，有利于增加自身形象的深度，也能维护用户对自己形象的新鲜感。例如，在短视频中对人物角色进行两种反差设定，可以使人物形象更加丰富、立体，从而使自己的形象更加出色。

▶ 2. 人设的打造技巧

打造出独特的人设，可以使短视频中出镜的人物拥有与众不同的新颖点，让人物更容易在短视频平台中脱颖而出。此外，对外输出效果的好坏，直接决定人设经营是否成功。下面笔者就来介绍打造独特人设的基本方法。

1）确定类型

大众对于陌生人的初次印象往往是不够突出、具体的，而且还存在一定的差异性。大部分人对陌生人的印象，基本处于一个模糊的状态。

其实，个人所表现出的形象、气质，完全可以通过人设的经营来改变。例如，可以通过改变人物的发型，塑造出和原先不同的视觉效果，使人产生新的人物形象记忆，从而有利于人设的改变。

在人际交往中，通过利用主观和客观的信息来塑造人设，从而达到预期的传播效果，是人设经营的根本目的。人设经营，可以说是在他人看法、态度和意见的总结之上进行不断地调整和改进的，也是一种在社会上生存的手段。

确定自己的人设类型是否合适、恰当，关键需要考虑的方向就是是否满足了自身所面向的群体的需求，因为人设的塑造，直接目的就是吸引目标群体的关注。

人设可以迎合受众的移情心理，从而增强用户群体对其人设的认同感，这样才可以让受众愿意去了解、关注主播。所以，在人设塑造过程中，确定好人设的类型是关键。对于运营者来说，确定合适的人设可以快速地引起用户的兴趣，刺激用户持续关注短视频内容。

需要格外注意的是，运营者在塑造自己的人设时，应该以自身的性格为核心，再向四周深化，这样便于之后的人设经营，同时也能增加用户对于人设的信任度。确定好人设类型后，运营者还要进一步考虑一下自己的人设是否独特别致。

对于短视频运营新手来说，前面已经有一批成熟的运营者，因此运营新手要想从中脱颖而出，需要耗费一定的精力和时间。

因此，运营者可以考虑在那些还没有人使用的人设类型里，找到适合自己的人设标签，继而创造出自己独一无二的人设。虽然这种人设有点难以找到，但是对于短视频运营新手来说，却可以利用这个鲜明独特的人设，在短视频中树立起自己的形象。

2）对标红人

人格魅力的产生，很大程度上源于用户对运营者的外貌、穿衣打扮的一个固有形象的印象，以及运营者在短视频中表现出来的性格。一个精准的人设，可以拓展运营者的受众面，吸引到感兴趣的用户。

精准的人设，就是说到某一行业或内容时，用户就能想到具体的人物。而运营者要做的就是在学习他人成功经验的基础上，树立自己的精准人设，让自己成为这类人设标签里的红人。

例如，一个男性运营者要想成为口红带货的 TOP 级主播，可以先参照"口红一哥"的成功经验打造短视频，并在短视频中树立起自己的独特人设（如站在用户的角度思考问题，只为用户推荐高性价比口红的真诚主播形象），通过持续发布短视频让自己慢慢成为口红测评行业中的红人。

3）设定标签

一个人一旦有了一定的影响力，就会被所关注的人在身上贴上一些标签，这些标签就可以组合成一个虚拟的"人"。当提到某个标签时，许多人可能会想到一些东西，这并非只是想到一个单纯的名字，而是某人带给他的印象或标签，比如严谨、活泼、可爱、高冷等标签。

运营者可以试着把这些人设标签体现在账号名称和短视频标题中。这样，一旦有人搜索相关的标签，就有可能搜索到你。如图 11-5 所示，为在 B 站中搜索"可爱"的结果，可以看到部分账号和短视频中便出现了这个关键词。

树立人设的一个关键作用就是让运营者可以和其他运营者区分开来，所以当运营者在选择自己人设标签时，必须要和其他运营者的人设区分开来。为了避免出现同年龄、同类型的运营者人数太多，无法有效突出自己的人设形象的问题，运营者在选择人设形象时，要选择便于用户进行搜索、区分的人设。

运营者只要把设定出的形象，不断地向用户进行展示和强化，就可以给他们留下独特的深刻的印象，所以塑造人设的基本策略就是体现差异化，人设类型一定要可以让用户快速地区分出来。

4）强化标签

设定标签之后，运营者还可以通过短视频强化标签。而且出镜人物的人设确立之后，一些忠实的用户和粉丝也会想看运营者如何凸显人设，因此，通过短视频强化标签也能吸引用户持续关注短视频内容。

图 11-5　在 B 站短视频中搜索"可爱"的结果

　　如图 11-6 所示，为某运营者发布的一条短视频，在该短视频中，这位外卖小哥遇到的问题是顾客点了一份卤粉，但是店家却没有粉了。因为该运营者设定的人设标签是什么问题都能解决的全能外卖小哥，所以短视频中把从收割稻谷，到将稻谷碾磨成粉，到制作成粉条，再到制作成卤粉进行了全面地展示。

图 11-6　通过短视频强化人设标签

　　因为店家没有米粉了，外卖小哥却自己动手制作了一份卤粉，所以该外卖小哥的人设得到了强化，而许多用户看到这条短视频之后也会因为好奇外卖小哥如何解决这个问题而一直观看，直至看完，所以短视频的完播率和平均播放时长等大幅

得到提升。这样一来，通过短视频强化人设标签，无形之中就起到了一箭双雕的
作用。

▶ 096　视频情节紧凑

在这个快节奏的时代，用户在看一条短视频时可能只看几秒就决定要不要继续
看下去。所以，如果运营者发布的短视频中情节不够紧凑，那么可能短视频还未进
入正题，用户就已经离开了。

那么，如何让短视频的情节更加紧凑呢？笔者认为主要有两种方法，一种方法
是通过反转，让短视频的情节更有可看性。

如图11-7所示，为某运营者发布的一条短视频，该短视频中便运用了大量的
反转。例如，短视频中先说一个小女孩很"坏"，干了很多"坏事"，其中有一件
事就是把游泳馆的塞子拔掉了，让大家都没办法游泳了，结果后面剧情一转，说因
为她拔掉了塞子，所以一位游泳时脚抽筋的女孩免于溺水。这种对同一件事的前后
反转让人意想不到，而短视频的内容无疑也就更有可看性了。

图11-7　运用反转剧情的短视频

另一种方法是尽可能地控制短视频的长度，删除不必要的内容，让用户快速看
完整条短视频。

如图11-8所示，为某运营者发布的一条短视频，该短视频标题中的内容本身
就能引起用户的好奇心，再加上该短视频的长度不过短短几秒钟，许多用户甚至还
没有反应过来，短视频就播完了。所以，这条短视频的完播率比较高，而且许多用

户还会重复播放该短视频。这样一来，这条短视频起到的营销推广效果自然也就比较好了。

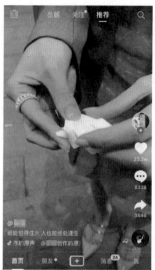

图 11-8　时长较短的短视频

▶ 097　产品融入场景

　　部分运营者会通过短视频进行产品的营销推广，对于这些运营者来说，产品的营销推广效果与自身的收益直接相关，于是有的运营者为了追求营销效率会直接在短视频中展示产品。须知，这种硬性的营销推广大部分用户都提不起兴趣，甚至部分用户看到这种短视频之后还会生出反感。

　　例如，有的广告主通过支付一定费用的方式，在短视频平台中投放广告，并在广告短视频中直接对产品进行展示。如图 11-9 所示，为部分游戏广告主在抖音短视频平台中投放的短视频广告。因为这些广告短视频都是硬性投入的，而且短视频中也看不到太多新意，所以部分用户看到这类广告之后都会选择直接划过。这样一来，这些游戏短视频取得的营销推广效果也就可想而知了。

　　又如，部分运营者为了更好地介绍产品，会通过短视频对需要销售的产品进行全面的展示和说明。这种短视频在运营者看来是直奔主题，节约彼此的时间，但在用户看来却是在进行硬性营销。

　　如图 11-10 所示，为部分运营者发布的水果营销短视频，因为短视频中一直都是在展示产品，而且这些水果也没有太多过人之处，所以许多用户看到这些短视频之后提不起太大的兴趣，而短视频营销自然也就难以达到预期的效果了。

图 11-9　硬性营销的游戏广告短视频

图 11-10　硬性营销水果的短视频

　　那么，运营者要如何借助短视频对产品进行营销推广呢？笔者认为其中比较简单有效的一种方法就是通过短视频将产品融入具体的场景中，让用户看到短视频之后就想要购买产品。

　　具体来说，将产品融入场景中主要有两种方法，一种方法是在短视频中展示某个场景，然后在不经意间使用产品。如图 11-11 所示，为某短视频的相关画面，该短视频中展现的就是做烤鸡腿的场景。该短视频中并没有过多地介绍产品，只是在做烤鸡腿时使用了产品。与直接展示产品相比，这种产品营销推广方式不容易让人产生反感情绪，而且运营者在看到烤鸡腿的成品之后，也会更想要购买该产品。

图 11-11　展示某个场景的过程中使用产品

　　另一种方法是通过短视频展示产品的使用场景和使用效果。例如，运营者要通过短视频销售服装类产品，可以让模特穿上服装，让用户看到产品的使用场景，如图 11-12 所示。

图 11-12　展示产品的使用场景和使用效果

▶ 098 内容有稀缺感

俗话说：物以稀为贵。如果运营者发布的视频内容具有稀缺感，那么用户看到之后就会更感兴趣。

例如，某快手号经常发布整蛊网瘾弟弟和爸爸的短视频。像这种专门做整蛊网瘾少年内容的快手号本身就是比较少的，因此，其内容就具有了一定的稀缺性。再加上随着移动网络的发展，越来越多的青少年开始有了网瘾。所以，许多人看到这一类视频之后，就会觉得特别贴合现实。

如图 11-13 所示，为该快手号发布的一个短视频，该短视频中运营者一早就踢开房门，把弟弟和爸爸叫醒，并从妈妈那里把钥匙拿了过来，让弟弟和爸爸开锁拿出电脑。因为锁电脑的锁很多，弟弟和爸爸开了 4 个小时才把锁全部打开。当弟弟和爸爸把电脑拿出来准备玩游戏时，该运营者又把妈妈叫了过来，重新把电脑锁上了。

图 11-13 某快手号发布的整蛊视频

除了平台上本来就稀缺之外，运营者还可以通过自身的内容展示形式，让自己的短视频内容，甚至是账号，具有一定的稀缺性。

某个抖音号是一个分享宠物猫日常生活的账号，在这个账号中经常会发布以两只小猫为主角的短视频。如果只是分享宠物猫的日常生活，那么只要养了猫的运营者都可以做。而该账户发布的短视频的独特之处就在于结合小猫的表现进行了一些特别的处理。

具体来说，当短视频中小猫张嘴叫出声时，该账号的运营者会同步配上一些字幕，如图 11-14 所示。这样一来，小猫要表达的就是字幕打出来的内容。而结合字幕和小猫在短视频中的表现，就会让人觉得小猫们有些调皮可爱。短视频平台上宠物类短视频不少，但是，像这种显得有些调皮可爱的小猫却是比较少的。因此，该账户发布的短视频通常都能获得大量用户的持续关注。

图 11-14　在短视频中为小猫配上字幕

另外，如果运营者见到一些平常难得一见的事物，也可以将其拍摄成短视频，让用户看到之后忍不住想要了解该事物的相关信息。如图 11-15 所示，为两个关于建筑物的短视频，因为这两个建筑物平常都难得一见，所以大多数用户在看到这种短视频之后都会忍不住想要看个究竟。

图 11-15　将难得一见的建筑物拍摄成短视频

▶ 099 内容含有价值

许多用户之所以愿意长时间刷短视频，就是希望能从短视频中获得一定的价值。因此，运营者可以通过信息普及、技巧分享和教学讲解等方式让短视频内容变得更有价值。

1. 信息普及

有时候专门打造内容比较麻烦，如果运营者能够结合自己的兴趣爱好和专业打造短视频内容，就大众比较关注的一些方面进行信息的普及，那么内容的打造就会变得容易得多。而且如果用户觉得你普及的内容具有收藏价值，也会很乐意给你的内容点赞。

例如，许多用户喜欢听音乐，但是却没有时间去寻找更多好听的音乐。所以，某运营者就在账号中发布了大量音乐推荐类短视频，对音乐进行了普及。这些短视频深受爱好音乐的用户欢迎，所以短视频的点赞、评论和转发等数据都比较好。如图 11-16 所示，为该运营者发布的音乐普及类短视频。

图 11-16 音乐普及类短视频

除了音乐之外，电影也有大量的受众。许多爱好电影的人群甚至不惜花费大量的时间来寻找好片。因此，运营者便可以搜集一些值得推荐的电影，并通过短视频对这些电影的相关内容进行普及。如图 11-17 所示，为某运营者发布的部分短视频，这些短视频中就是通过对电影信息的普及来获得用户的持续关注的。

图 11-17　电影普及类短视频

2. 技巧分享

　　许多用户是抱着猎奇的心态看短视频的。那么什么样的内容可以吸引这些用户呢？其中一种就是技巧分享类内容。

　　为什么呢？因为用户在看到自己没有掌握的技巧时，会感到不可思议。技能包含的范围比较广，既包括各种技巧，也包括一些小窍门。如图 11-18 所示，为一条展示生活小窍门的短视频。

图 11-18　展示生活小窍门的短视频

很多技巧都是长期训练之后的产物，普通用户也不能轻松掌握。其实，除了难以掌握的技巧之外，运营者也可以在短视频中展示一些用户学得会、用得着的技巧。比如，许多爆红抖音的技巧便属于此类，如图 11-19 所示。

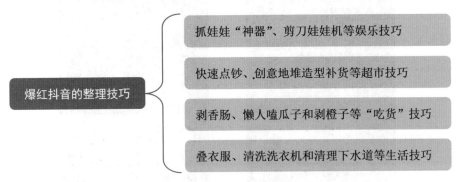

图 11-19　爆红抖音的整理技巧

与一般的内容不同，技巧分享类内容能让一些用户觉得像是一个新大陆。因为此前从未见过，所以，觉得特别新奇。如果用户觉得短视频中的技能在日常生活中用得上，就会进行收藏，甚至将其发给自己的亲戚朋友。因此，只要你在短视频中展示的技巧在用户看来是实用的，那么短视频内容就会受到大量用户的关注。

3. 教学讲解

常见的教学讲解就是将某个学科的相关知识通过短视频进行讲解，让看到该短视频的用户有所收获。如图 11-20 所示，为某运营者发布的相关短视频，这些短视频就是围绕英语这个学科进行教学讲解的。

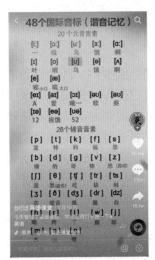

图 11-20　英语教学讲解类短视频

除了各学科知识之外，运营者还可以围绕某个用户感兴趣的相关操作技巧进行讲解。例如，运营者可以围绕吉他的弹奏进行教学讲解，让用户快速掌握弹奏方法，如图 11-21 所示。

图 11-21　吉他弹奏类教学讲解

▶ 100　才艺技能出众

如果运营者具有某些才艺、技能，获得某方面的特长，那么运营者便可以将其展现出来，吸引用户的持续关注。

1. 才艺展示

才艺包含的范围很广，除了常见的唱歌、跳舞外，还包括摄影、绘画、书法、演奏、相声、脱口秀等。只要短视频中展示的才艺足够独特，并且能够让用户觉得赏心悦目，那么短视频内容就很容易获得用户的持续关注。

例如，某抖音号运营者本身就是一名歌手，也发布过一些原创歌曲，因此，该运营者便经常发布唱歌类短视频。因为该运营者歌声悦耳、动人，所以其发布的短视频很容易就获得了大量用户的支持。

如图 11-22 所示，为该运营者发布的相关短视频，可以看到这些短视频的点赞量、评论量和转发量都是比较高的，说明这些短视频内容受到了许多用户的欢迎。

唱歌、跳舞自古以来就是拥有广泛受众的艺术形式。对于拥有一定舞蹈功底的运营者来说，只要通过短视频将自己的专业舞姿展示出来，就能获得一批忠实粉丝的持续关注。

图 11-22　某运营者发布的歌唱类短视频

如图 11-23 所示，为某运营者发布的手指舞短视频，因为该运营者发布的短视频中经常展示原创手指舞，并且这些手指舞让手指看上去非常灵动，整个舞蹈十分优美，所以大多数用户看到这些短视频之后都会目不转睛地看完。

图 11-23　某运营者发布的舞蹈类短视频

对于一些学乐器的，特别是在乐器演奏上取得了一定成就的运营者来说，展示演奏才艺类的短视频内容只要足够精彩，便能快速吸引大量用户的持续关注。如图 11-24 所示，为某运营者发布的两条钢琴演奏短视频，这两条短视频中展示了运营者的高超技艺，而用户看到该短视频之后，在发出赞叹之余，也会抱着认真倾听演奏的态度看完短视频。

图 11-24　某运营者发布的钢琴演奏短视频

2. 技能展示

部分运营者在个人成长过程中可能掌握了某些技能，这些运营者便可以通过短视频将自己的技能展示出来，让用户通过短视频看到你高超的技能。技能包含的范围比较广，无论是某项技术还是某种手艺，都属于个人技能的范畴。

如图 11-25 所示，为某短视频运营者发布的一条短视频，该短视频中重点展示的是运营者的高超雕工。因为该短视频封面中展示了成品，所以用户在看到短视频开头的一整块豆腐之后，都会想看运营者是如何将其一步步雕刻成一条鱼的。这样一来，这条短视频自然就获得了大量用户的持续关注。

图 11-25　展示雕工的短视频

3. 特长展示

除了才艺和技能外，如果运营者有某方面的特长，也可以通过短视频展示出来，让用户看到短视频之后被你的特长所吸引。

例如，某运营者游戏玩得比较好，于是就通过短视频对游戏操作进行展示，如图 11-26 所示。因为该运营者的操作技巧比较好，再加上喜欢玩这款游戏的用户也比较多，所以该运营者的短视频发布之后便能快速吸引大量用户的关注。

图 11-26　展示游戏操作的短视频

第 12 章

创意营销:
用视觉触动用户情感

在这个信息时代,人们每天都能借助各类平台接触到大量的信息,感受到各种各样的营销方式。运营者要想迅速抢占用户视线,吸引用户关注,就必须要做好创意营销。本章主要介绍创意营销的实用技巧,让运营者的短视频视觉营销获得更好的效果。

▶ 101 将热点与卖点相结合

将热点与卖点相结合，就是借助具有一定价值的新闻、事件，并结合自身的商品特点进行宣传、推广，从而达到商品销售目的的一种营销手段。将热点与卖点相结合引爆商品的关键，就在于结合热点。

以"垃圾分类"这个热门话题为例，随着该话题的出现，一大批名人迅速加入话题讨论，使其成为网络一大热点。再加上随着二胎政策的开放，国内近年来的出生率大幅提高，新生儿数量猛增，而部分比较注重早教的家长，又会将垃圾分类的相关知识教给孩子。

于是，许多厂家和店铺看到该事件之后，推出了儿童垃圾分类益智玩具，为家长教孩子垃圾分类知识提供帮助，如图 12-1 所示。

图 12-1 儿童垃圾分类益智玩具

这种垃圾分类益智玩具推出之后，许多运营者也借助"垃圾分类"这个热点事件，在短视频平台中推出了营销视频。如图 12-2 所示，为快手平台中儿童垃圾分类益智玩具的营销视频。

因为"垃圾分类"一度成为热点，再加上该类商品在快手等平台的疯狂宣传，于是该类商品的知名度大幅度提高，随之而来的是大量用户涌入店铺进行购买，商品的成交量快速增加。

综上所述，将热点与卖点相结合对于打造爆品十分有利，但是，将热点与卖点相结合如果运用不当，也会产生一些不好的影响。因此，在做热点和卖点的结合时需要注意几个问题，如营销内容要符合新闻法规、热点要与商品有关联性和营销过程中要控制好风险等。

将热点与卖点相结合的营销方式具有几大特性，分别为：重要性、趣味性、接近性、针对性、主动性、保密性以及可引导性等。这些特性决定了这种营销方式可以帮助短视频和店铺获得更多的流量，从而成功地达到提高商品销量的效果。

图 12-2　快手平台中儿童垃圾分类益智玩具的营销视频

▶ 102　对商品进行关联销售

运营者或商家在进行视觉营销的过程中，不能将眼光仅仅停留在某个单一商品的销售思维中，这样是很难带动整个店铺商品售卖的。比较好的销售方式就是将商品进行组合营销，捆绑售卖，这样就能带动其他商品的销售了。视觉营销中，一般来说有两种关联销售的方式，一是搭配法，二是互补法。下面笔者就来详细分析这两种关联销售方式。

1. 搭配法

搭配法一般出现在服装和日用品中。这种方法就是主动将商品进行搭配，组合成套，从而让用户同时购头多件商品。

例如，运营者可以先在线下对自己销售的服装进行搭配，并组合成套，然后再将搭配成套的服装通过短视频展示出来。如图 12-3 所示，为某短视频的相关画面，可以看到该短视频中便是通过展示多套搭配来吸引用户目光的。

搭配法的优势就在于，运营者可以利用自身的审美对商品进行组合，然后将自己觉得比较合适的搭配展示给用户。这就意味着，有时候销售不出去的商品，也能通过搭配销售出去。而对于用户来说，只需要购买自己喜欢的搭配即可，而无须再去分别购买多件商品，这便可以在一定程度上节省购物时间。

图 12-3　通过展示搭配吸引用户的目光

2. 互补法

互补法指的是将那些可以相互补充的商品，比如充电宝和充电线，进行组合营销。如图 12-4 所示，为某短视频的相关画面，可以看到该短视频中便是将帽子和服装组合在一起进行营销的。

图 12-4　通过互补组合进行营销

通常来说，将互补的商品进行组合营销有两方面的优势：一是可以将商品进行组合，让用户看到组合后的效果；二是用户购买组合在一起的商品，通常要比单独购买便宜一些。因此，只要组合得当，商品会对用户更有吸引力。

▶ 103 把握心理针对营销

运营者要想获得比较好的视觉营销效果，还得学会把握用户的心理，通过击中人性的本质来引导用户购买商品。具体来说，在进行视觉营销的过程中，运营者要重点把握用户的 3 种心理，即从众心理、权威心理和求实心理。

➤ 1. 从众心理：都在种草可以试试

用户的从众心理，简单的理解就是当许多人都在种草（简单地理解，就是通过展示商品激发用户的购买欲望）某件商品时，用户就会觉得既然这么多人都说好，那应该差不了。所以，如果某件商品被多个运营者种草，许多用户就会想要买来试试看。

如图 12-5 所示，为某化妆品礼盒的两条营销短视频，可以看到在这两条短视频中，运营者都是比较推荐这款化妆品礼盒的。而用户如果同时看到了这两个短视频，就会认为这款化妆品礼盒是两个运营者都推荐的，商品的质量应该差不到哪里去。这样一来，受从众心理的影响，用户自然会更愿意购买该款化妆品礼盒。

图 12-5　利用从众心理进行商品营销

对于品牌或商家来说，同时与多个 KOL 合作，可以增加商品的覆盖面，增加用户看到商品种草内容的次数。这样做虽然会增加推广成本，但也能快速提高商品的知名度。

而对于运营者来说，如果所属的机构接到了商品种草合作，便可以与所在机构的其他运营者一起进行商品种草，或者利用自己的多个账户组成营销矩阵，让更多的用户看到商品种草内容，从而借助商品的成交，获得更多的佣金。

2. 权威心理：TA 推荐的应该不错

每个行业中都会有一些所谓的"权威"，这些人说出来的话往往比较让人信服。而在短视频和直播的各领域中，也有一些"权威"，他们就是我们前面所说的头部KOL。

通常来说，一个运营者或主播之所以能成为头部KOL，就是因为其过往发布的内容比较受用户的欢迎，或者说让用户比较信服。所以，当这些头部KOL发布种草短视频时，大部分用户会觉得他们推荐的商品应该还不错，毕竟这些人是各领域的权威。

如图 12-6 所示，为某位有着"口红王子"之称的运营者发布的一条口红营销短视频。在该短视频中，这位运营者对该口红大加赞赏。这会让看到短视频的用户认为：这么权威的"口红王子"都说好，那这款口红应该还不错，毕竟他就是长期做口红测评的，能获得他推荐的口红不太多。

图 12-6　利用权威心理进行商品营销

需要特别注意的是，利用权威心理进行种草只适用于拥有较大影响力的头部KOL，如果只是一般的运营者，可能难以让用户产生信服感。而每个短视频平台上的头部 KOL 又是比较有限的，所以运营者要想借助权威心理进行种草，还得在平时增加自身的影响力，让自己先成为头部 KOL。

3. 求实心理：确实有效值得一买

虽然许多种草的商品价格都比较优惠，而且光看种草内容好像还不错，但是部分用户可能还是会有一些疑虑。毕竟许多人都有不愉快的网购经历，所以对于短视频和直播中推荐的商品会多一分慎重。

此时，运营者不妨借助用户的求实心理进行种草。所谓"求实心理"，就是用户在购买一件商品时，只有对商品的实际效果足够满意，才会觉得商品值得买来一试。对此，运营者可以在种草内容中对商品的使用效果进行展示，让用户看到商品的实际效果。只要商品的效果足够好，用户自然就会想要购买了。

如图 10-7 所示，为某显瘦套装的营销短视频，在该短视频中，运营者对不穿套装和穿上套装的效果分别进行展示，而穿上套装之后，短视频中的模特看上去明显要瘦得多，而且从正面和侧面看，都显瘦。所以，用户看到该短视频之后就会觉得这款套装确实比较显瘦。在这种情况下，受求实心理的影响，部分用户便会想要购买这款套装了。

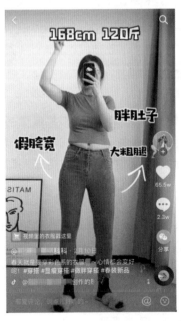

图 12-7 利用权威心理进行商品营销

借助求实心理进行种草比较适合使用后能够起到明显效果的商品。具有求实心理的用户会觉得"事实胜于雄辩"，如果商品的使用效果达到了心理预期，这部分用户就会觉得商品确实是值得购买的。

▶ 104 内容营销实现种草

"种草"就是通过短视频和直播让用户对商品产生购买兴趣。具体来说，运营者可以从 3 个方面对用户进行种草，分别为商品、运营者以及内容。角度不同，"种草"的方式也有所不同，在本节中将为大家分别讲述如何种草。

➔ 1. 从商品入手

从商品的角度对用户进行种草，可以从商品的选择和商品的价值出发，具体可以参考以下几点。

1）商品的高质量

运营者要对商品把好关，选择高质量的商品进行销售。选择高质量商品，既能加深用户的信任感，又能提高商品的复购率。在商品选择上，运营者可以从以下几点出发，如图 12-8 所示。

如何选择高质量商品
- 运营者要选择商品供应链稳定的货源
- 运营者要亲自筛选、体验和使用商品

图 12-8　如何选择高质量商品

2）商品与自身要匹配

运营者可以根据自身的人设选择商品。例如，某明星的人设是鬼精灵，外形轻巧，那么与她的人设匹配的商品，应该带有活力、明快、个性、时尚和新潮等特点。这种人设和商品的匹配，会更好地显示出商品的适用性，让用户更好地看到商品使用的效果。

3）商品的独特价值

商品的独特性可以从商品的造型或功能等角度出发。商品设计的独特性可以是商品与众不同的造型，而功能的独特性则可以是商品带有的新功能。当然，商品独特性的塑造必须紧抓用户的购买需求，毕竟购买商品的还是用户。商品只有满足了用户的需求，才能更好地被用户接受和购买。

4）商品的稀缺价值

商品的稀缺性，可以从限量、专业定制等方面进行体现，显示商品的独一无二性，甚至可以让用户觉得商品是具有收藏价值的。除此之外，还可以从商品的属性上着手，对商品特有功能、使用人群和使用场景，甚至产地进行宣传。例如地方特产，就是利用地理的特殊性进行销售的。

2. 从运营者入手

商品的种草也可以从运营者身上入手，通过高商业价值的达人进行种草，实现精准营销。具体来说，从运营者入手进行种草，要重点做好以下两方面的工作。

1）运营者的筛选

每种商品都具有特定的使用群体，每个运营者又具有自身的特点，并且专业度也具有一定的差异。对此，运营者可以从年龄、喜好和专业度等角度对运营者进行筛选，选择更适合进行带货的运营者。

2）运营者的包装

运营者的包装，除了提高自身素养和展现合适的妆容外，还应该在宣传方面多下工夫，让宣传的图片和文字获得更好的展示效果。

从图片方面来看，许多短视频封面中的图片用的都是运营者个人照片。因此，要想让短视频引人注目，就要找准一个完美的角度，更好地把短视频内容与个人照片相结合，做到相得益彰。

运营者的长相是天生的，但封面图片却是可以编辑和修改的。因此，如果运营者的自然条件不那么引人注目，可以利用后期软件适当地进行后期美化。当然，高颜值是相对的。在面貌既定的情况下，运营者应该在3个方面努力来增加自身颜值，即合适的妆容、整洁得体的形象和良好的精神面貌。下面笔者就来一一进行介绍。

（1）合适的妆容。在短视频平台上，不管是不是基于增加颜值的需要，化妆都是必需的。另外，如果运营者想要在颜值上加分，那么化妆是一个切实可行的办法。相较于整容这类增加颜值的方法而言，化妆有着巨大的优势，具体如下。

● 从成本方面来看，化妆相对来说要低得多。

● 从技术方面来看，化妆所要掌握的技术难度也较低。

● 从风险方面来看，化妆可能出现的风险比较轻。

但是，运营者的妆容也有需要注意的地方，在美妆类短视频中，运营者的妆容是为了更好地体现出商品的效果，因而需要夸张一些，以便更好地衬托商品的效果。一般来说，用户选择观看短视频，其主要目的是为了获得精神上的放松，让自身心理愉悦，因而运营者的妆容应该让人觉得赏心悦目。

当然，运营者的妆容还应该考虑其自身的气质和形象，因为化妆本身就是为了更好地展现气质，而不是为了化妆而化妆，损坏自身本来的形象气质。

（2）整洁得体的形象。对于运营者来说，整洁得体的形象，是基本的运营者礼仪要求。除了上面提及的面部化妆内容外，运营者形象的整洁得体还应该从两个方面考虑，一是衣着，二是发型，下面进行具体介绍。

从衣着上来说，运营者在选择服装搭配时应该从自身条件、相互关系和用户观感这3个方面进行考虑，具体如图12-9所示。

从发型上来说，运营者应该选择适合自身的发型。如马尾就是一种适用性较广的发型，既可体现干练，又能适当地体现俏皮活泼。

（3）良好的精神面貌。如果运营者以积极、乐观的态度来面对观众，展现出良好的精神面貌，那么运营者的表现将会获得加分。以认真、全心投入的态度来完成短视频的拍摄，让用户充分感受运营者的良好精神面貌，能够在一定程度上增强运营者的种草能力。

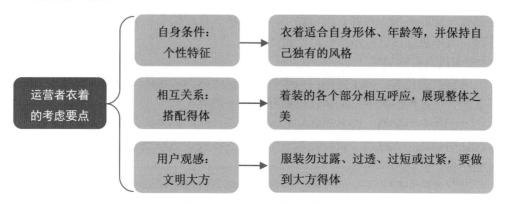

图 12-9　运营者衣着的考虑要点

3. 从内容入手

优质的内容，也会让用户更容易被种草。同样的商品，如果运营者在短视频中给出更加优惠的价格，或者能够充分展示出商品的使用效果，挖掘出用户的需求，那么用户在看到短视频之后，很容易就会被商品种草。

例如，同样的商品，用户在其他地方看到的价格是 100 多元，但是，你的短视频中销售的价格只有 70 多元，并且还保证是正品，那么，用户在看到你的短视频之后，就会想购买商品了。

▶ 105　饥饿营销引发抢购

饥饿营销属于常见的一种营销战略，但是运营者要想采用饥饿营销的策略，首先还需要选择具有一定真实价值的商品，并且商品的品牌在用户心中要有一定的知名度，否则，目标用户可能并不会买账。饥饿营销实际上就是通过降低商品供应量，造成供不应求的假象，从而形成品牌效应，快速销售商品。

饥饿营销运用得当产生的良好效果是很明显的，对店铺的长期发展也是十分有利的。如图 12-10 所示，为某部分商品的饥饿营销相关界面，其便是通过较低的价格销售较为有限的数量的方式，使有需求的用户陷入疯狂的抢购。

这种饥饿营销的方法也可以用于短视频视觉营销之中。例如，运营者在直播中进行商品秒杀时，可以设置显示已抢购量的占比，如图 12-11 所示。而当用户看到已抢购占比逐渐增大时，就会因为受到心理刺激，而更想要购买秒杀中的商品。

对运营者来说，饥饿营销主要可以起到两个作用。一是获取流量，制造短期热度。比如，受价格的影响，大量用户将涌入这些商品的购买页面。二是增加认知度，随着此次秒杀活动的开展，许多用户一段时间内对这些商品所属的品牌的印象加深，品牌的认知度将获得提高。

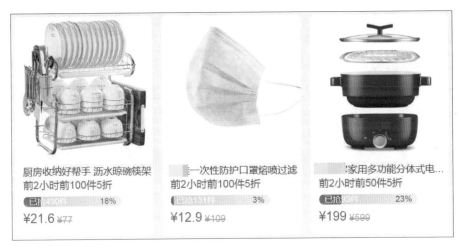

图 12-10　部分商品的饥饿营销相关界面

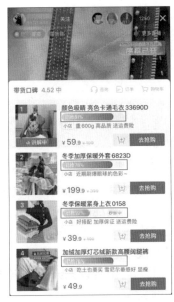

图 12-11　在直播秒杀时设置已抢购量的占比

▶ 106 口碑营销展示好评

互联网时代，用户很容易受到口碑的影响，当某一事物受到主流市场推崇时，大多数人都会对其感兴趣。对于运营者来说，口碑营销主要是通过商品的好评带动流量，让更多用户出于信任购买商品。

常见的口碑营销方式主要包括经验性口碑营销、继发口碑营销和意识口碑营销。接下来笔者就来分别进行简要的解读。

➔ 1. 经验性口碑

经验性口碑营销主要是从用户的使用经验入手，通过用户的评论让其他用户认可商品，从而产生营销效果。如图 12-12 所示，为某店铺中某商品的评论界面。

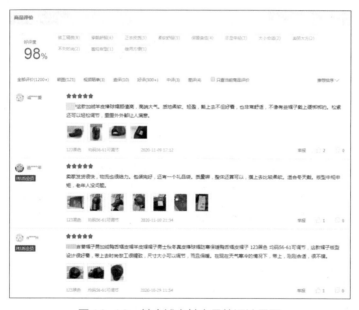

图 12-12　某店铺中某商品的评论界面

随着电商购物的发展，越来越多的人开始养成这样一个习惯，那就是在购买某件商品时一定要先查看他人对该商品的评价，以便对商品的口碑进行评估。而店铺中某件商品的总体评价较好时，便可凭借口碑获得不错的营销效果。

比如，在图 12-12 中，绝大多数用户都是直接给好评，该商品的好评度更是达到了 98%。所以，当其他用户看到这些评价时，可能会认为该商品总体比较好，并在此印象下将之加入购物清单，甚至直接进行购买。

因此，运营者可以在视觉营销短视频中对商品的好评率进行展示，让用户更加放心地购买商品。

→ 2. 继发性口碑

继发性口碑的来源较为直接，就是用户直接在抖音、快手和淘宝等短视频和电商平台上了解商品相关的信息之后，逐步形成口碑效应。这种口碑往往来源于平台上的相关活动。

以"京东"为例，在该电商平台中，便通过"京东秒杀""大牌闪购""品类秒杀"等活动，给予用户一定的优惠。所以，"京东"便借助这个优势在用户心中形成口碑效应。如图 12-13 所示，为"京东秒杀"的相关界面。

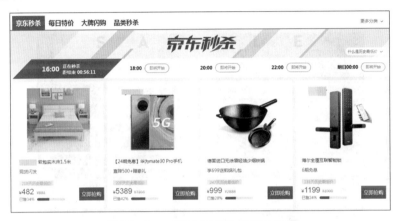

图 12-13　"京东秒杀"的相关界面

当然，运营者也可以通过一定的举措获得继发性口碑，例如可以在短视频平台中定期进行秒杀活动，并通过短视频将定期秒杀活动告知用户，如图 12-14 所示。这样一来，用户在多次享受到秒杀福利之后，自然而然就会让你获得继发性口碑。

图 12-14　通过直播告知定期秒杀信息

➔ 3. 意识性口碑

意识性口碑营销，主要就是借助名人效应进行的商品口碑营销，其营销效果往往由名人的知名度决定。相比于其他推广方式，请名人代言的优势就在于，名人的粉丝很容易"爱屋及乌"，他们在选择商品时，会有意识地将自己偶像代言的品牌作为首选，有的粉丝为了扩大偶像的影响力，甚至还会将明星的代言内容进行宣传。

因此，将名人代言信息打造成短视频通常会获得更多用户的关注，而短视频也将获得更好的营销效果。如图12-15所示，为某品牌手表借助名人代言信息打造的短视频内容。

图12-15　某品牌手表借助名人代言信息打造的短视频

口碑营销实际上就是借助从众心理，通过用户的自主传播，吸引更多用户购买商品。在此过程中，非常关键的一点就是用户好评的打造。毕竟当新用户受从众心理的影响进入店铺之后，要想让其进行消费，得先通过好评获得用户的信任。

▶ 107　品牌营销传递价值

品牌营销是指通过向用户传递品牌价值来得到用户的认可和肯定，以达到维持稳定销量、获得口碑的目的。通常来说，品牌营销需要企业倾注很大的心血，因为打响品牌不是一件容易的事情，市场上生产商品的企业千千万万，能被用户记住和青睐的却只有那么几家。

因此，如果运营者想要通过品牌营销的方式来引爆商品、树立口碑，就应该从一点一滴做起，坚持不懈，这样才能齐抓名气和销量，赢得用户的青睐和追捧。

品牌营销可以为商品打造一个深入人心的形象，让用户更信赖品牌下的商品。品牌营销需要有相应的营销策略，如品牌个性、品牌传播、品牌销售和品牌管理，以便让用户记住品牌。

以某品牌为例，其品牌精神为前卫、个性十足、真实和自信等，很好地诠释了商品的风格所在。同时，该品牌利用自身的品牌优势在全球开设了多家店铺，获得了丰厚的利润，赢得了众多用户的喜爱。

该品牌的品牌营销也是一步一步从无到有摸索出来的，也是依靠自己的努力慢慢找到品牌营销的窍门，从而打造出受人欢迎的营销短视频。

▶ 108 借力营销增强效果

借力营销属于合作共赢的模式，它主要是指借助于外力或别人的优势资源，来实现自身的目标或者达到相关的效果。比如，运营者和主播在商品推广过程中存在自身无法完成的工作，但是其他人擅长于这一方面的工作，就可以通过合作达成目标。

在进行借力营销时，运营者和主播可以进行 3 个方面的借力，具体如下。

（1）品牌的借力：借助其他知名品牌，快速提升品牌和店铺的知名度和影响力。例如，可以通过打造联名款进行营销，让另一个品牌的粉丝也注意到你的品牌，如图 12-16 所示。

图 12-16　通过打造联名款节进行借力营销

（2）用户的借力：借助其他平台中用户群体的力量，宣传店铺及其商品。如

图 12-17 所示，为某品牌方便面借力爱奇艺进行营销的相关画面。该品牌的相关
人员通过将视频上传至爱奇艺的方式，借助视频将爱奇艺的用户变为品牌和商品的
宣传对象，从而增加品牌和商品的宣传力度和影响范围。

（3）渠道的借力：借助其他企业擅长的渠道和领域，节省资源、实现共赢。例
如，企业可以与其他企业进行合作，共同发挥各自的优势，一起打造满足用户需求
的产品。

图 12-17　某品牌方便面借力爱奇艺进行营销的相关画面

借力营销能获得怎样的效果，关键在于借力对象的影响力。所以，在采用借力
营销策略时，运营者应尽可能地选择影响力大，且包含大量目标用户的平台，而不
能抱着广泛撒网的想法到处去借力。

这主要有两个方面的原因。首先，运营者的时间和精力是有限的，这种广泛借
力的方式对于大多数运营者来说明显是不适用的；其次，盲目地借力，而不能将信
息传递给目标用户，结果很可能是花了大量时间和精力，却无法取得预期的效果。